CW00553253

Dejar De Fumar No Es Para Todos, Excepto Si Lo Haces Así

Cómo Dejar De Fumar Permanentemente, Inmediatamente, Sin Engordar, Sin Síndorme De Abstinencia Y Sin Ansiedad

ALLAN TREVOR

¿Quieres conectar con Allan y acceder a una comunidad exclusiva de lectores de Autoayuda y Desarrollo Personal? Podrás tener contacto directo y compartir opiniones con Allan y el resto de lectores. También tendrás la oportunidad de recibir descuentos y libros gratis casi todas las semanas, además del apoyo de toda la comunidad. Estarás al día de los últimos lanzamientos y futuros libros de Allan.

Haga clic en el siguiente enlace y solicite su acceso:

http://bit.ly/ComunidadAllanTrevor

O utilice el siguiente código QR:

Y que logres resultados en los siguientes 15 minutos, en vez de en los próximos 10 años.

(Y sin tener que pasar por una depresión que me obligó a buscar respuestas eficaces como hice yo). (Ni pagar a un diseñador de audio cerca de 750€ para crear este audio).

Haz clic aquí abajo para descargar de forma automática este audio subliminal, para que con tan sólo unos simples auriculares, puedas desactivar el bloqueo subconsciente de tu ras y comenzar a manifestar una vida mucho más saludable.

Haz Clic Aquí Para Descargar El Audio.

También puedes descargarlo usando este código QR:

Con este audio subliminal podrás adelgazar como siempre has deseado y volver a tu peso ideal, reprogramando las viejas creencias de tu RAS y retornando a tu autoimagen saludable.

Dejar De Fumar No Es Para Todos, Excepto Si Lo Haces Así

Cómo Dejar De Fumar Permanentemente, Inmediatamente, Sin Engordar, Sin Síndorme De Abstinencia Y Sin Ansiedad

PRÓLOGO

Este libro intentará proporcionarle todos los conocimientos posibles sobre el tema que nos ocupa. Sin embargo, no importa cuánta información puedas encontrar en el libro si no la procesas adecuadamente y no la integras en tu mente de forma permanente. Por eso he decidido repetir ciertos conceptos a lo largo de las páginas del libro, los más importantes, para asegurarme de que la información accede directa y profundamente a tu subconsciente, esa parte de nuestro cerebro donde se encuentra la memoria a largo plazo. Mi intención es que termines esta lectura con las ideas bien ancladas en tu mente, por eso utilizaré al máximo el poder de la repetición. Soy un gran conocedor de los fenómenos hipnóticos y de la psique humana, y puedo asegurarte que, como escritor e hipnotizador, comprendo perfectamente el impacto de las palabras en el cerebro humano cuando se utilizan con cierta repetición.

Mi trabajo como escritor e investigador ha dado otro enfoque a las ideas existentes, tratando de facilitar la expresión de la información, haciéndola más amena para el gran público, ordenándola bajo mi propio criterio y aportando nuevas expresiones para una lectura más fluida y comprensible, así como dando pleno crédito a las fuentes originales.

También advierto que este libro es una obra traducida de la versión original del libro. Comprendo perfectamente la importancia de una traducción fluida y fácil de leer. Sin embargo, para no retrasar el acceso al contenido mientras editamos la versión definitiva, he decidido ofrecer al mercado esta primera revisión traducida. Es posible que encuentre algunos fallos gramaticales en la traducción que se corregirán en las próximas ediciones, aunque las ideas principales y más importantes no se han alterado. Al fin y al cabo, son las ideas que hay detrás de las palabras las que marcan la diferencia, no el texto en sí. Por eso usted puede beneficiarse del contenido ahora mismo en su estado actual, tanto como lo haría con su versión original. Para contemplar este hecho, he reducido significativamente el precio de venta al público de la versión física del libro, así como de la versión de audio en otras plataformas de distribución. Por favor, tenga en cuenta estas advertencias antes de empezar a leer y tome sus propias decisiones. He decidido incluir esta advertencia en las primeras páginas del libro para que pueda descargar la versión Kindle de muestra gratuita y leer esta sección. Como te digo, esta publicación es preliminar y seguiremos trabajando en la traducción definitiva.

Le deseo de todo corazón una feliz lectura

Saludos cordiales

-Allan

PRÓLOGO

Hola querido lector, yo también he sido fumador durante muchos años. Antes controlaba todos los aspectos de mi vida, pero fumar me controlaba a mí. No entendía por qué, por mucho que intentara dejar este sucio hábito, más parecía necesitarlo. Lo intenté todo, desde hacer deporte, leer el famoso libro de Allen Carr e incluso marcar fechas en el calendario. Sin embargo, nada parecía funcionarme. Y aunque todos estos métodos me ayudaron a comprender mejor el mecanismo de la trampa en sí, ninguno de ellos me sacó de donde estaba, ni mucho menos me liberó de la prisión de la nicotina.

No fue hasta que descubrí las técnicas de reprogramación mental que aprenderá en este libro que por fin pude dejar de fumar. Sin recaídas, sin ganar peso y sin sentirme privado. No entendía cómo podía haber sido tan fácil aquella vez.

Desde ese momento, quise mostrar al mundo lo sencillo e incluso divertido que puede ser dejar de fumar, sólo si aplicas las sencillas instrucciones de este libro y cambias tu mentalidad.

El mundo está lleno de gente con excusas para cambiar de vida. Sólo te pido que no seas una de ellas. Prométeme que serás una persona con recursos, no con excusas. Este libro te dará los recursos.

También es muy común encontrar personas que, a pesar de tener las herramientas en su poder, culpan a los demás de sus fracasos. Aléjate de estas personas. Se están victimizando. Son los típicos fumadores que te dirán que dejar de fumar es imposible, sólo porque ellos aún no han podido dejarlo y siguen en el barco que se hunde.

Sólo te pido una cosa: lee este libro hasta el final y aplica las sencillas instrucciones. Haz los ejercicios mentales que te he detallado y no pongas excusas. Recuerda que el dedo acusador te está señalando a ti. Asume el 100% de la responsabilidad y pon en práctica lo que te diré a continuación. ¿Trato hecho?

Capítulo 1 - Por qué no ha podido dejar de fumar

Es de suponer que ha agotado todas las demás opciones para dejar el hábito (o que un ser querido lo ha hecho). Acabar con el hábito de fumar es una empresa monumental que puede convertirse en su mayor reto personal hasta la fecha.

En muchos casos, el primer cigarrillo es todo lo que se necesita para convertirse en adicto al tabaco, lo que lo convierte en uno de los hábitos más difíciles de abandonar.

Algunos fumadores utilizan el cigarrillo como medio para aliviar el estrés, pero las encuestas demuestran que la inmensa mayoría de los fumadores (80%) desearía poder dejarlo. Han agotado todos sus recursos; si estás en una ruta similar, sabes lo difícil y confuso que puede ser.

Sin embargo, la hipnoterapia médica (hipnosis en términos profanos) ofrece esperanza a quienes han luchado por abandonar el hábito de fumar.

Según la Organización Mundial de la Salud, el consumo de tabaco es responsable de hasta 5 millones de muertes al año en todo el mundo. Esto se debe en gran parte a los efectos negativos que el tabaco tiene en la salud del cerebro y los pulmones, así como en el sistema inmunitario y la autoestima (cuando hay humo de cigarrillo por todas partes y la gente te evita).

Dejar de fumar es beneficioso para su piel, su bolsillo y su familia, pero esos beneficios por sí solos deberían bastar para convencerle de que deje por fin los cigarrillos.

¿Por qué te cuesta tanto dejar el tabaco?

Es por la nicotina. Las propiedades adictivas de la nicotina en el tabaco son las que hacen que vuelvas a por más. Hay receptores de nicotina en el cerebro, así que cuando enciendes un cigarrillo, tu mente se siente mejor.

Cuando enciendes un cigarrillo, estás cediendo a las ansias que tu cerebro y tus receptores de nicotina te han estado enviando. La hipnosis es el método más eficaz para dejar de fumar porque se dirige al cerebro, donde se encuentran los receptores de nicotina.

¿Cómo?

Tu mente te está ayudando a hacerte adicto a la nicotina. Tanto los sensores como tu subconsciente influyen en tu capacidad para recordar información bajo presión o cuando conduces.

Está claro que intentar burlar a tu mente inconsciente sólo puede llevarte a la angustia mental. Aunque la terapia de sustitución de nicotina (TSN) pueda ayudarte a dejar de fumar reduciendo tus ansias de consumir la droga, los impulsos mentales que tu cerebro te envía para encender un cigarrillo seguirán presentes y te perseguirán.

Esto significa que la única forma de vencer la adicción a la nicotina es enfrentarse a su lucha interna y aprender a dominar su mente.

Conquista tu mente y deja de fumar

Pensar de arriba abajo

El procesamiento descendente y el impacto descendente que crea el rastro indescifrable que rompe su racha de una semana sin fumar deben entenderse antes de que podamos ver cómo la hipnosis puede ayudarle a dejar de fumar.

Según la teoría del procesamiento descendente, rendirse es el resultado de que tu cerebro recibe una señal (estrés) y produce una respuesta basada en tu interpretación de esa información.

Por ello, dejar de fumar es una tarea imposible. Para dejar de fumar, debe dominar estas actividades. Eliminar las respuestas habituales a las señales que mantienen la adicción es esencial para recuperar el control.

Autohipnosis

La hipnoterapia suele ser administrada por un profesional cualificado que guía al paciente hipnotizado paso a paso. Sin embargo, la autohipnosis requiere una participación 100% activa del sujeto.

La autohipnosis consiste en utilizar los propios recursos para relajarse, como una grabación de audio o vídeo sobre hipnosis, con el fin de conseguir los efectos deseados.

La autohipnosis le permite llevar a cabo la transformación deseada sin la ayuda de un hipnoterapeuta mediante guiones preescritos que usted lee a su subconsciente.

¿Preguntas por hipnosis?

La hipnosis es una de las herramientas más poderosas para acceder a la mente subconsciente e influir en ella, así como en la mente consciente.

En un contexto terapéutico, la hipnosis/hipnoterapia puede ayudarle a abandonar el hábito de fumar o simplemente a romper rutinas poco saludables que se han ido acumulando con el tiempo.

La hipnoterapia es eficaz porque le pone en un estado de trance similar al sueño, pero sin adormecerle realmente.

Se dice que una persona hipnotizada se encuentra en un estado mental de trance o sueño. La hipnosis tiene potencial como modalidad terapéutica tanto para problemas de salud mental como física.

En el ámbito médico, el tratamiento del dolor es un caso de uso frecuente. La hipnosis también se ha utilizado para controlar problemas de habla, adicción y peso.

La hipnosis parece funcionar en la mayoría de las circunstancias, a pesar de que su eficacia es discutible (según los debates de la comunidad científica).

También se ha sugerido que la hipnosis, que proporciona un control cognitivo descendente, es el método más eficaz para abandonar definitivamente el hábito de la nicotina.

Al experimentar un estímulo inductor del deseo, reaccionas con estrés. Cuando estás bajo presión, te enciendes.

Dado que la mente consciente está separada del subconsciente durante la hipnosis, el subconsciente es más receptivo a las ideas mientras se está en trance hipnótico (estado de sueño).

En otras palabras, tu mente dejará de intentar inventar razones por las que deberías seguir encendiendo una vez que hayas desvinculado tu conciencia del acto.

Cuando te autohipnotizas con la ayuda de una cinta o vídeo de hipnosis guiada, tu mente subconsciente se verá expuesta a sugestiones constructivas que alterarán sus patrones habituales.

En lugar de luchar contra la tentación de dejar de fumar de golpe, acceder a tu subconsciente es más como construir barreras que te impedirán ceder a ella.

Cuando hayas pasado por la hipnosis para ayudarte a dejar de fumar, los desencadenantes habituales del tabaquismo ya no tendrán el mismo efecto que antes. Por otro lado, tu mente responderá de forma natural ralentizándose para absorber los nuevos datos.

Las mejores prácticas para reprogramar la mente y las actitudes inconscientes

Tu inconsciente está lleno de pensamientos que pueden cambiar tu forma de ver el mundo. En pocas palabras, esto significa que escuches atentamente los consejos que te da tu inconsciente y los incorpores a tu vida cotidiana.

Al inculcar en su mente (subconsciente) información nueva y más precisa sobre el tabaquismo, la hipnosis puede ayudarle a abandonar el hábito para siempre.

Puede reprocesar el hábito y ejercer un mayor autocontrol utilizando instrucciones hipnóticas enviadas a su subconsciente mientras está en trance.

También puedes reformular tu pensamiento para asociar el olor de los cigarrillos con algo desagradable que desprecias, como el plástico quemado.

Capítulo 2 - ¿Qué es la autohipnosis?

Examinar el concepto de "hipnosis" puede ayudar a aprender a hipnotizarse a uno mismo.

La hipnosis, como palabra, se refiere a una técnica en la que se realizan sugestiones a una persona mientras se encuentra en un nivel de concentración elevado (a instancias del "operador", "hipnotizador" o "guía").

Dicho de otro modo, la hipnosis se produce siempre que se dirige la atención de alguien a algún lugar y se le presentan opciones para pensar.

Relaja todos los músculos del cuerpo, desde la cabeza hasta los dedos de los pies.

Por la mañana le espera una imagen revitalizada y fresca.

- "Piensa en el entorno más tranquilo y libre de estrés que tu imaginación pueda evocar".

- "Piensa en lo increíble que sería oír la voz de tu abuela".

Los efectos hipnóticos son habituales si prestas toda tu atención a cualquiera de estas recomendaciones. Se produce un pequeño "trance".

En general, si haces esto durante más de unos minutos -por ejemplo, 10 minutos- y escuchas música relajante de fondo, experimentarás un efecto más profundo. Además, si escuchas a un narrador experto, podrás profundizar aún más porque no te quedarás pensando qué consejo poner en práctica a continuación. Puede que te sumerjas más en la historia si el narrador es una persona experimentada.

Ventajas de hacerlo tú mismo cuando estás hipnotizado

Sostenemos que, independientemente de la etiqueta, toda experiencia que induzca un estado mental meditativo o creativo mediante la aplicación dirigida de la atención es, en realidad, hipnótica. Utilizando este concepto, es fácil ver cómo las técnicas hipnóticas se emplean con frecuencia en los medios de comunicación, las empresas de relaciones públicas, la propaganda política y religiosa y los anuncios publicitarios. Y, ciertamente, puede usarse tanto para el bien como para el mal, como cualquier otra herramienta fuerte.

El funcionamiento de este dispositivo es completamente transparente. Los "poderes fácticos" lo utilizan para engañarnos, manipularnos y dominarnos, mientras que a la mayoría de nosotros se nos niega el derecho a saber cómo utilizarlo para nuestro propio bien. Los malos usos son evidentes, así que nos concentraremos en los buenos: aprovechar el proceso hipnótico para la salud, la felicidad y el máximo rendimiento.

Los profesionales de la medicina y la salud mental emplean con frecuencia la hipnosis para ayudar a los pacientes a superar diversos problemas, incluidos los relacionados con el cuerpo, la mente y el espíritu. El Dr. Miller ha elaborado una definición de esta técnica basada en su aplicación terapéutica:

La hipnosis es una técnica que requiere un conjunto único de conocimientos y habilidades que:

- Permitir que una persona entre y salga de diferentes niveles de conciencia. - Dar al practicante control sobre el estado mental del sujeto (mente consciente).

- Pueden reforzar o debilitar formas establecidas de pensar, sentir, comportarse, creer o relacionarse.

Si se utiliza correctamente, puede ayudar a sanar y completar todos los niveles del sistema, desde el celular hasta el emocional, el mental y el espiritual.

- Trance hipnótico

No existe un "estado hipnótico", aunque se puede acceder a numerosos estados alterados de conciencia mediante la autohipnosis y otras formas de sugestión. Por ejemplo, un guía puede utilizar la hipnosis para inducir profundos niveles de calma en el sujeto. El guía puede inducir estados de intenso entusiasmo y actividad en el sujeto mediante métodos como la hipnosis.

Estados de trance para terapia: usted tiene total control sobre su experiencia.

En general, un estado de conciencia relajado, de aceptación, tranquilo y centrado en el interior es el más beneficioso para la gestión del estrés, la autocuración y el cambio de comportamiento. Este es el estado más buscado en la autohipnosis porque permite una mayor percepción y atención, a la vez que proporciona acceso a patrones fisiológicos y conductuales previamente inaccesibles.

Seguir un conjunto de "sugerencias", o posibles líneas de pensamiento presentadas por un guía para el sujeto, es el medio por el que se pueden alcanzar estos estados (paciente o cliente). Considere como ejemplo la escapada más relajante que haya experimentado jamás. Puede alcanzar un estado mental bastante similar al que experimentó durante las vacaciones si intenta imaginarse allí y disfrutar de las vistas.

Por otro lado, puedes tomar la decisión consciente de no visualizarlo. Si te lo propones, puedes conseguir cualquier cosa. Sin embargo, tendrás muchas más posibilidades de experimentar los beneficios de un programa de autohipnosis si te das permiso para seguir las instrucciones de la guía.

De ello se deduce que toda hipnosis es, de hecho, autohipnosis.

Autohipnosis

Cuando un individuo se hace recomendaciones a sí mismo, se denomina autohipnosis. La autohipnosis es un método fuerte que requiere inducir (o permitir que una grabación de audio de autohipnosis induzca) un estado de conciencia relajado, receptivo, confiado y abierto a través de una serie de recomendaciones dadas a uno mismo (autosugestión). Esto es lo que el Dr. Miller llama la "condición curativa". El siguiente paso es darse a uno mismo una serie de ideas terapéuticas destinadas a reprogramar el cerebro y el cuerpo para que funcionen de un modo más saludable. (Por supuesto, ayuda si se recuerdan las indicaciones escuchando regularmente audios de sugestión, como los que se ofrecen en nuestra Tienda en línea).

Las "sugestiones" son lo que el hipnotizador utiliza para transmitir realmente su mensaje. Estos consejos pueden ser tan sencillos como: "Al exhalar esa respiración profunda, permítete hundirte en la superficie que hay debajo de ti". O pueden ser extremadamente complejos: "Vuelve a ese recuerdo de tercer grado y experiméntalo, esta vez manejando la circunstancia sin miedo, con confianza en ti mismo." Obviamente, está condicionado a las particularidades del caso en cuestión.

Un hipnoterapeuta hábil es un experto en desarrollar sugestiones que ofrecen a la mente ideas de futuro poderosas, convincentes y optimistas, y formas acertadas de pensar, sentir y responder en determinadas situaciones.

La autohipnosis es una herramienta eficaz para superar adicciones y vencer hábitos negativos como el tabaquismo.

El poder de tu estado de ánimo

Si usted es como la inmensa mayoría de los seres humanos, probablemente experimente cambios en su nivel de conciencia a diario, si no con más frecuencia. Ahora estás eufórico, pero después te aburres. Puedes sentirte apasionado un minuto y completamente apático al siguiente.

Los programas de autohipnosis se pueden utilizar para ayudarle a pasar de un estado mental o emoción a otro, o para romper hábitos sucios como fumar. Cada estado mental es una experiencia hipnótica o de trance en miniatura. Así que, aparte de la iluminación completa, no hay ningún estado que pueda ser etiquetado como "no hipnótico" en un sentido general.

Por ejemplo, supongamos que hay un día en que te sientes de maravilla y de repente recibes una noticia horrible: te llaman para decirte que tus acciones han caído y que los ahorros de toda tu vida han desaparecido. Esa información altera tu disposición, tus ideas y tu comportamiento.

Ahora imagínate que recibes una segunda llamada una hora más tarde para decirte que la primera fue un error y que en realidad acabas de ganar la lotería. Con suerte, notará una mejora significativa en su estado de ánimo. Aunque tu percepción de ti mismo y del mundo haya cambiado en ambas ocasiones, nada físico ha cambiado.

Si le dices a alguien en estado de trance receptivo que ha tocado una hiedra venenosa, puede que le salga un sarpullido; si le dices que está desnudo y está nevando fuera, puede que sienta frío; si le dices que hay una botella de amoníaco abierta, puede que huela a amoníaco. Esto se debe a que existe una línea directa entre las imágenes que tienes en tu mente y tu cuerpo: las técnicas hipnóticas simplemente te ayudan a aprovechar este vínculo para mejorar tu vida. De este modo, las técnicas de reprogramación mental de este libro le ayudarán a sustituir las asociaciones negativas con el tabaco por otras más positivas.

Naturalmente, las sugestiones realizadas durante la hipnosis o por el oyente durante una experiencia de audio pretenden ayudar al oyente a alcanzar sus objetivos de curación acelerada, menos estrés, mejora del rendimiento, alteración de los patrones de comportamiento y desarrollo de su yo ideal. y la imaginería guiada pretenden ayudarle a convertirse en la versión más sana, productiva y feliz de sí mismo que usted se imagina.

Dar a tu subconsciente nuevas sugerencias, como "fumar es mortal", "necesitas mantener tu cuerpo vivo" o "debes respetar y proteger tu cuerpo", también puede ayudarte a abandonar un hábito, además de replantear tus pensamientos.

Conclusión

La hipnosis es un método eficaz para dejar de fumar de forma instantánea porque elimina la lucha interna que es el principal obstáculo para abandonar el hábito. Para ayudar a dejar de fumar, se puede recurrir a la autohipnosis.

Es necesario pasar por una técnica de inducción a la autohipnosis para entrar en un estado de trance en el que la mente subconsciente sea más receptiva a las ideas. Para dejar de fumar, también puedes utilizar un guión para dejar de fumar o grabaciones de hipnosis.

Capítulo 3 - El poder de su subconsciente

Tu entorno actual está formado por decenas de miles de cajones. Presientes que algo verdaderamente extraordinario está a punto de ocurrir, algo que alterará tu vida de forma indeleble. Pero la mente racional se empeña en decir que no y pone todo tipo de trabas: "¿Y si aquí acecha algo terrible?".

¿No es ilegal invadir otro país?

Para responder a la pregunta: "¿Qué pasa si te detienen?".

Obviamente, ya conoce la zona. Hemos entrado en el mundo de los sueños, donde sucede la magia. Cuando sacas los cajones, puedes ver todos los recuerdos ocultos.

¿Qué emociones experimentarías si pudieras visitar el mundo que siempre has imaginado en tu mente? Sólo con desearlo, ¿es posible obtener algo?

Todo lo que ves está a tu alcance.

Con su innovador libro "El subconsciente puede cambiar tu vida", el reputado psicólogo Dr. Mike Dow (alias "El sanador de América") te ayuda a redescubrir al superhéroe interior capaz de provocar una profunda transformación personal a todos los niveles. La Técnica de la Visión Subconsciente (SVT) es un enfoque novedoso que combina por primera vez la hipnosis con la terapia cognitivo-conductual (TCC), la atención plena (mindfulness), la visualización guiada y la sincronización audiovisual.

Una vez que aprendas a aprovechar tu gigantesco potencial y apliques esta estrategia, te darás cuenta de que nada puede detenerte. La clave está en tener presente que eres capaz de lograr cualquier cosa que te propongas.

El pasado se reescribe desde la perspectiva de las personas.

La percepción humana se origina principalmente en la mente consciente. Por otra parte, los canales de la conciencia pueden considerarse una bendición y una maldición. Piénsalo: tienes una buena cabeza para el razonamiento y el análisis, pero te agotas con preocupaciones y dudas.

Por el contrario, tu mente inconsciente es como una cámara acorazada, ya que analiza los datos de forma rápida y automática. Es todo lo que tienes en la cabeza y que ni siquiera sabes que tienes. Al desactivar tus defensas, liberas capacidades curativas que mejoran tu calidad de vida en general.

¿Y si renunciara a todas las emociones negativas que le impiden dejar de fumar? Mediante la SVT, puede conocer mejor los lugares y recuerdos que le causan dificultades. A continuación, puede optar por volver a editar el escenario.

Digamos que los pensamientos de tu ex pareja obsesiva te tienen atrapado. El dolor es tan intenso que interfiere en tu capacidad para hacer tu trabajo. Para desprenderte de un recuerdo doloroso, primero debes recuperarlo. Piensa en hacer que la música sea más alegre y quizá añadir algo de color y conversaciones ingeniosas al escenario para que se parezca más a una película. Ten en cuenta que tú mismo escribes el guión. No hay ninguna razón por la que no puedas ayudar a darle forma y convertirlo en algo útil para ti.

Anímate pensando en positivo.

¿Sabes todos esos malos pensamientos que no dejas de tener? Qué bonito sería poder liberarte de su control. La Técnica de Visualización para la Mente Subconsciente es una herramienta fantástica para introducirse en conceptos inspiradores y optimistas.

¿Recuerda la interpretación de Leonardo DiCaprio en Inception como el infame ladrón de sueños? Una vez que una idea ha arraigado en la mente de alguien, dijo, "es casi difícil eliminarla". Además, estaba totalmente en lo cierto en su apreciación. ¿Por qué no intentas convencerte de que eres un compañero entrañable, un compañero capaz y un visionario?

Y si eres de los afortunados que han tenido una buena historia, imagínate lo increíble que sería aprender cómo tus experiencias te moldearon para convertirte en la persona dotada que eres hoy. Confía en tu subconsciente desinteresado y deja que guíe tus acciones trayendo a tu mente momentos en los que te sentiste completo. Simplemente debes confiar en él.

Estrés y preocupación

La SVT es eficaz para aliviar el estrés y la tensión y superar las ganas de rendirse. Supongamos que se dispone a embarcar en un avión, pero siente un temblor. Además, imagina lo diferente que sería la sensación de volar si equiparas el sonido de tu partida con el vuelo de un pájaro hacia la libertad.

Debes tener en cuenta que el enfoque de la visión subconsciente es igual que la realidad virtual, en el sentido de que hace creer a tu cerebro que ya sabe por qué estás temblando. Piénsalo: vas a coger el avión, ¡y estás deseando llegar!

Imagínese el alivio que supondría comprender por fin sus miedos y dónde se originan. ¿Hay alguien con quien trabaja que, por el simple hecho de ser molesto, le pone de los nervios? Piense en esto: ¿qué crítico histórico le viene inmediatamente a la mente?

Escuchar el audio extra le obligará a revivir toda su vida.

Usted actúa como terapeuta y como animador.

Si prestas atención a tu inconsciente, te ayudará. Tu cerebro puede elegir desde qué perspectiva filtrar los acontecimientos de cada momento, así que este aliado inesperado puede ayudarte a levantar el ánimo.

¿Por qué no ver el lado positivo de las cosas? Imagina cuánto más sencilla sería la vida si ignoraras las cosas que te enfadan, si despreciaras las críticas por carecer de sentido y te concentraras en cambio en los elogios.

Utilizando SVT, puede cambiar sus rutinas negativas por otras más positivas. El desagradable olor del tabaco puede hacer que dejar de fumar sea mucho más fácil de lo que parece a primera vista.

Lo has hecho de la forma correcta; el subconsciente influye en cómo ves las cosas. Pero si lo tienes, despierta también al sanador inteligente que llevas dentro, que habla a tus células y tejidos, a tus órganos y a todo tu sistema, y les anima a trabajar para ti, mejorando tu salud y acelerando tu curación.

Así que ponte en un entorno en el que puedas escuchar afirmaciones positivas, elogios y ánimos. Siente la satisfacción de tu éxito. Si tienes fe en lo que intentas conseguir, no habrá obstáculos en tu camino.

inspeccionar el contenido de sus posibles opciones

En el libro de Dioptra "El subconsciente puede cambiar tu vida", el Dr. Mike Dow nos proporciona una herramienta extraordinaria para la transformación completa y actúa como nuestra puerta de entrada a la magnífica vida que se encuentra más allá de nuestros mayores temores. El libro también cuenta con un prólogo escrito por el Dr. Daniel Amen, psiquiatra y especialista en el cerebro.

Al utilizar el programa SVT, único en su género, que reconstruye tanto el cuerpo físico como el yo mental y espiritual, alteramos nuestra percepción del tiempo y el lugar. Ahora que sabemos que podemos confiar en nuestro inconsciente como fuerza que nos guía, podemos relajarnos y consolarnos sabiendo que nos mantendrá a salvo siempre que entremos en contacto con él. Nuestro potencial infinito, como los cajones de esa habitación, está ahora a nuestro alcance.

Capítulo 4 - Cómo autohipnotizarse

En este capítulo, daremos un amplio repaso a las técnicas de autohipnosis, de modo que puedas utilizarlas para dejar de fumar o cualquier otro hábito. Cuando le hayas cogido el truco a este método de inducción, pasaremos a aprender algunos guiones de autohipnosis que te ayudarán a dejar el hábito para siempre.

La atención focalizada, o autohipnosis, es un estado mental normal. Puede utilizarse tanto para relajarse y aliviar el estrés como para la transformación mental y emocional. Tiene efectos positivos similares a los de la meditación y puede ayudarte a ser mejor persona.

Parte 1

En primer lugar, hay que prepararse para la hipnosis.

Vístete con prendas holgadas y transpirables. Es difícil entrar en un estado de profunda tranquilidad cuando tu atención se centra constantemente en la dolorosa estrechez de la cintura de tus vaqueros. Dicho esto, siéntete libre de utilizar esto como excusa para ponerte tu chándal más cómodo. Tienes que concentrarte en la tarea que tienes entre manos y no puedes permitirte ninguna interrupción. También es importante mantener una temperatura agradable. Correr en invierno puede ser frío, así que vístete en consecuencia. También es posible encontrar consuelo en el calor.

Dos, elige un lugar tranquilo y acomódate en tu sillón, sofá o cama favoritos.

En realidad, la mejor postura para conciliar el sueño es sentado con la espalda recta, aunque hay quien jura dormir boca abajo. Mantén siempre las piernas y otras partes del cuerpo rectas, ya estés sentado, de pie o tumbado. Pasar mucho tiempo en esta posición puede causar molestias.

En tercer lugar, garantice media hora de tiempo ininterrumpido. Las interrupciones durante una sesión de autohipnosis, ya sea por una llamada telefónica, una mascota o un niño, harán que la sesión sea inútil. Cierra la puerta detrás de ti y asegúrate de que tu teléfono esté en silencio (o al menos que no te avise de que ha pasado algo). Ha llegado tu momento. El tiempo que le dediques depende enteramente de ti. El trance (intentamos evitar usar esa frase porque tiene algunas malas connotaciones) es más cómodo para la mayoría de las personas durante 15-20 minutos, pero debes darte tiempo para entrar y salir de él.

El cuarto paso, antes de empezar la hipnoterapia, es establecer cuáles son esos objetivos. ¿Por qué lo hace? ¿Para relajarse? ¿Para desarrollarse personalmente? ¿Para agudizar tus habilidades cognitivas? Si lo haces por algo más sustancial, haz una lista de afirmaciones (perder peso, dejar de fumar, etc.). Aunque la autohipnosis se asocia más comúnmente con la relajación, tiene muchas otras aplicaciones que pueden mejorar la calidad de vida. Muchas personas confían en ella como fuente de inspiración y estímulo para alcanzar sus objetivos, cambiar de perspectiva o simplemente seguir avanzando en general. Las afirmaciones que te ayudarán a empezar son las siguientes:

Decir algo breve y directo es el método más eficaz para cambiar un mal hábito. Tenga en cuenta lo siguiente: "No me planteo volver a fumar. Los cigarrillos son desagradables para mí.

- Si quieres adoptar una perspectiva más positiva, dite a ti mismo algo parecido a "Puedo hacer todo lo que me proponga". En este mundo, todo gira en torno a mí.

Si desea adelgazar, por ejemplo, diga algo como: "Sigo una dieta equilibrada. Hace poco he empezado a adelgazar. Tanto mi ropa como yo estamos más relajados ahora.

- Estas son las afirmaciones positivas que te dirás a ti mismo mientras duermes. Tú decides, pero muchas personas las encuentran tan poderosas como una afirmación vital.

Un estado hipnótico: Parte 2

1. Con los ojos cerrados, intenta forzar tus pensamientos para que se calmen y se liberen de preocupaciones. Al principio puede resultar difícil suspender el juicio. Tu mente puede distraerte mucho. Cuando esto ocurra, no intentes forzar la salida de las ideas. Revísalas primero desapasionadamente para ver si es seguro liberarlas. Consulta el artículo sobre meditación para obtener más detalles sobre esta etapa.

- También es posible que algunas personas tengan la costumbre de mirar fijamente a un punto de la pared. Puede ser un espacio, una esquina o donde tú quieras. Presta atención a la piel de tus párpados mientras estudias. Ten en cuenta que no podrás mantenerlos abiertos durante mucho más tiempo y, cuando llegue ese momento, ciérralos.

En segundo lugar, sé consciente de la tensión de tu cuerpo. Imagina que la tensión de tu cuerpo se evapora y se dispersa lentamente, empezando por los dedos de los pies. Visualiza que sueltas todo tu cuerpo, empezando por los dedos de los pies y subiendo hacia arriba. Imagina que la tensión se desvanece y que cada parte de tu cuerpo va perdiendo peso.

- Lo mejor es empezar por los pies e ir subiendo hasta los dedos. Continúa relajando las pantorrillas, los muslos, las caderas, el vientre y otras zonas del cuerpo hasta que las hayas relajado todas, incluidas la cara y la cabeza. También puedes intentar visualizar algo relajante, como el agua, que te ayude a relajarte (imagina que el agua cae sobre tus pies y tobillos y elimina la tensión).

En tercer lugar, inspira y espira larga y pausadamente. Cuando sueltes el aire, imagina que todas tus preocupaciones se desvanecen como una nube de tormenta. Cuando inspires profundamente, imagina que el aire vuelve a ti como una energía luminosa, llena de vida y vitalidad.

- Esta es la fase en la que puedes utilizar elementos visuales a tu gusto. Usa tu creatividad para cortar un limón en dos. Piensa en los líquidos que se escapan y corren por tus dedos.

Métete un poco en la boca y asimila el aroma, la textura y el sabor para ver cómo reaccionas. El siguiente paso es centrarse en sueños aún mayores. Piensa en todo el dinero que está flotando en el aire. Teniendo en cuenta que correr te ayuda a quemar calorías, está claro que hacerlo es una buena idea. Anota todo lo que puedas recordar. Haz todo lo posible por mantener la mente abierta y utilizar los cinco sentidos.

No olvides dar gracias por haber conseguido refrescarte bastante. Imagina que has llegado a lo alto de diez escaleras y que la quinta está a punto de caer al océano. Intenta visualizar toda la escena, desde el suelo hacia arriba. Recuerda que empezarás a contar a partir del número diez e irás bajando. Intenta visualizar cada uno de los números. Deje que su mente se dirija a un lugar en el que cuanto más descienda en los números, más garantías tendrá de encontrar. Con cada número sucesivo, te encontrarás hundiéndote cada vez más en un estado de profunda relajación.

- Visualiza el suelo bajo tus pies mientras caminas. Siente el refrescante frescor del agua al llegar al quinto escalón, y convéncete de que has entrado en un oasis inmaculado y sin manchas. Sentirá que el agua sube cada vez más por su cuerpo mientras desciende los últimos cinco escalones. Las sensaciones de entumecimiento y un ligero aumento del ritmo cardíaco son normales en este punto; en lugar de preocuparte por ellas, simplemente reconócelas y libéralas en el agua.

5, Sentirás que flotas. A esta profundidad, no deberías sentir nada más que la impresión de flotar libremente. Podrías sentirte mareado. Si no experimentas las sensaciones mencionadas, inténtalo de nuevo, pero esta vez hazlo más despacio y con la mente abierta. Ahora que has llegado hasta aquí, es el momento de hacer balance de tu situación y averiguar en qué punto de la vida te encuentras.

- Acostúmbrate a describir suavemente lo que estás haciendo, en voz alta o como si lo leyeras de una página, utilizando los tiempos presente y futuro.

- Piensa que hay tres cajas situadas a distintas profundidades en el océano. Después de encontrar los contenedores, ábrelos uno a uno mientras cuentas mentalmente lo que ocurre. Por ejemplo: "Al abrir la caja, la luz brillante entra a raudales y parece fundirse conmigo". Este faro representa mi recién encontrada seguridad, que ahora forma parte integral de lo que soy. A continuación, puedes pasar a la sección siguiente.

- Es mejor evitar frases como "No quiero sentirme agotado y furioso", que tienen una connotación negativa. En su lugar, prueba con algo como "Me estoy calmando y relajando". Las afirmaciones positivas incluyen afirmaciones como "Estoy fuerte y delgado", "Tengo éxito y soy feliz" y "Mi espalda empieza a sentirse fantástica" cuando se refieren al dolor físico. Ten en cuenta el descargo de responsabilidad por el malestar.

Seis, puedes decir tu frase o frases tantas veces como quieras. Relájate un rato en el agua y deja que tu mente divague, tal vez hacia pensamientos como desembalar cajas y encontrar un tesoro de seguridad en ti mismo, riqueza o alivio del estrés.

Busque lugares con agua fría, templada o rica en fauna. El cielo es el límite para tu potencial creativo.

Siete, estás a punto de salir de tu letargo hipnótico. Hasta que vuelvas a alcanzar el quinto escalón, el nivel del agua debe disminuir gradualmente a medida que avanzas. Tras completar el sexto paso, es posible que sientas una sensación de pesadez o un peso que te oprime el pecho. Mientras esperas a que termine de cargarse la siguiente fase, sigue repitiendo las frases anteriores.

- Una vez transcurrido ese tiempo, sigue ascendiendo por la escalera mientras cuentas mentalmente tus pasos y sientes físicamente los peldaños que tienes debajo. Elige seguir hacia delante y hacia arriba.

- Esta imagen del agua no debe tomarse al pie de la letra. Use su imaginación para encontrar otras posibilidades. De hecho, como puede personalizarse para adaptarla a sus necesidades específicas, es incluso mejor que la original.

8 Espera a haber ascendido un poco antes de abrir los ojos. Imagínate abriendo la puerta al mundo. El simple hecho de imaginar que la luz entra por la puerta hará que tus ojos se despierten poco a poco. Si lo necesitas, empieza a contar hacia atrás desde 10, diciéndote a ti mismo que despertarás cuando llegues a 0.

- Cuando llegue la hora de levantarte, tómate tu tiempo. Luego, repítete a ti mismo: "Bien despierto, bien despierto", o algo parecido, para ayudarte a despertar. Esto restablecerá tus facultades mentales para que puedas reincorporarte al mundo real de nuevo.

Parte 3

Consejos para aprovechar el tiempo

Este es un problema importante, por eso empezamos por ahí. Si no lo dices en serio, ninguna autohipnosis o mantra funcionará en tu vida. Para que esto tenga éxito, debes tener fe en ti mismo y en tus habilidades. Después de todo, ¿por qué no? Si te lo tomas en serio, puede salir bien.

- Que algo no funcione a la primera no significa que haya que abandonarlo por completo. Algunas cosas necesitan tiempo para convertirse en algo natural. Inténtalo de nuevo pasado un tiempo y aprovéchalo para reflexionar sobre lo que has aprendido. Para tu deleite, quizás.

- Relájate y deja que tus pensamientos vaguen. Para tener éxito, tienes que creer que existe al menos una pequeña probabilidad de éxito. No llegarás muy lejos si te permites tener dudas.

2. Pon tu cuerpo a prueba. Para verificar tu estado de trance, puedes realizar determinados ejercicios. Cualquier cosa que una persona pueda percibir o experimentar directamente en su cuerpo puede ser útil. Experimenta con algunas de estas ideas:

Cierra el puño y aprieta los dedos. Mantenlos apretados y haz como si estuvieran unidos mientras dure el trance. A continuación, intenta separarlos. Si crees que no puedes, ¡inténtalo!

Imagina que uno de los brazos pesa cada vez más. Tu cerebro seleccionará automáticamente uno para ti, así que lo único que tienes que hacer es apoyarlo con un libro. A continuación, comprueba si puedes levantarlo y ver lo que pesa.

Piense en algunos resultados potenciales y visualícelos en su mente. Imagínese ya en el estado deseado, ya sea seguridad en sí mismo, un peso más saludable, una visión más optimista de la vida o cualquier otra cosa que desee mejorar. Si quiere perder peso, visualícese entrando fácilmente en sus pantalones ajustados, modelando su nuevo cuerpo en el espejo y radiante de orgullo. Sólo el subidón de endorfinas ya hará que merezca la pena.

- La hipnosis ha ayudado a muchas personas, incluso a las que antes eran tímidas, a superar su ansiedad social. No tienes que ir directamente a por la timidez; bastará con algo relacionado. Puedes practicar ser más extrovertido imaginándote caminando con la cabeza alta, sonriendo y estableciendo contacto visual.

En cuarto lugar, aprovecha al máximo las herramientas a tu disposición. Por decirlo de otro modo, a algunas personas les encanta escuchar música mientras están en trance. En Internet hay una gran cantidad de música de hipnosis diseñada para este fin. Si sientes que rodearte de agua o de una selva tropical te ayudará, esas opciones están a tu disposición ahora mismo.

- Los temporizadores también son útiles. Los estados de trance pueden ser difíciles de superar, lo que hace que la gente pierda la noción del tiempo. Si no quieres quedarte hipnotizado demasiado tiempo, pon un temporizador. Asegúrate de que tenga un tono tranquilizador para ayudarte a salir de él.

Aprovéchalo, número 5. Encuentra algo que te gustaría hacer y trabaja en ello mientras estás tranquilo. Imagínate como esa persona y esfuérzate por convertirte en ella. La hipnosis es estupenda para alcanzar un estado de concentración profunda, pero es aún mejor porque tiene muchas otras aplicaciones. La gente suele decir que después se siente mejor y más motivada. Aprovecha esta oportunidad. - No hay una técnica mejor para manejar esta situación. La hipnosis puede ayudar a dejar un mal hábito, mejorar la concentración y la productividad en el trabajo, e incluso alterar por completo la visión de la vida. Deshacerse de las cosas que le causan estrés puede ayudarle a convertirse en la persona que desea ser. Y cuanto más practiques, más fácil te resultará y mejor te sentirás.

Consejos

Antes de la cuenta atrás, a algunas personas les ayuda imaginarse en un entorno natural y tranquilo. Piense en el olor de los árboles y el sonido del viento mientras pasea por un bosque. También puedes visualizarte paseando por una playa, escuchando las olas y sintiendo la arena bajo tus pies.

La hipnosis no conlleva una pérdida de voluntad. Siempre puedes hacer lo que quieras.

Antes de irte a dormir, piensa en cómo te ofrecerás las ideas a ti mismo; de lo contrario, corres el riesgo de que se rompa tu estado hipnótico.

Tensar los músculos, mantener la contracción durante 10 segundos y luego soltarlos es otra técnica para relajar los músculos del cuerpo.

Tener las ideas sobre el papel antes de la inducción puede ser realmente útil, ya que una lista visual de las cosas en las que quieres trabajar es a veces más fácil de recordar que incluso pensamientos bien elaborados.

Si no te preocupas ni te esfuerzas demasiado, será mucho más sencillo. Además, funciona de maravilla como inductor del sueño.

Dado que la hipnosis es un estado que se produce de forma natural, no debería estar reñida con ninguna creencia espiritual o religiosa.

Nadie puede hipnotizarte si tú no quieres. La autohipnosis es imposible para cualquiera excepto para aquellos que están totalmente comprometidos con la práctica.

Si tienes problemas para conciliar el sueño, cuenta hasta diez y mantén ese estado de paz mental en tu cabeza cuando te acuestes.

Si te resulta demasiado difícil sentarte sin moverte, prueba esta forma de meditación. Basta con intercalar un poco más de tiempo entre los dos dieces de la cuenta atrás.

No intente alcanzar un estado hipnótico mientras conduce o maneja maquinaria pesada.

No debe temer quedar atrapado en un estado de hipnosis. La hipnosis es un estado mental normal en el que todo el mundo "entra" de vez en cuando.

Acude a un hipnoterapeuta o consigue una grabación de hipnosis si no puedes superar los obstáculos por ti mismo. Tendrás una idea más clara del estado mental deseado después de uno o dos intentos.

Advertencias

A veces, la hipnosis requiere más de una sesión (práctica diaria durante un mes o más) para surtir efecto. Dedica mucho tiempo a "entrenarte".

Tenga cuidado al levantarse de la posición supina. Cuando la tensión arterial baja repentinamente, puede sentirse mareado o incluso desmayarse. (La hipnosis no tiene nada que ver con la hipotensión ortostática.

REFERENCIAS:

1. ↑Stephanie Riseley, MFA. Hipnoterapeuta certificada. Entrevista con expertos. 28 de abril de 2020.

2. ↑Stephanie Riseley, MFA. Hipnoterapeuta certificada. Entrevista con expertos. 28 de abril de 2020.

3. ↑Stephanie Riseley, MFA. Hipnoterapeuta certificada. Entrevista con expertos. 28 de abril de 2020.

4. ↑https://www.csn.edu/sites/default/files/documents/relaxation_techniques_1.pdf

5. ↑https://www.fammed.wisc.edu/files/webfm-uploads/documents/outreach/im/handout_self_hypnosis_balloon_patient.pdf

6. ↑https://britishhypnosisresearch.com/hypnosis-techniques/

7. ↑https://healthy.kaiserpermanente.org/georgia/health-wellness/health-encyclopedia/he.aa119292spec

8. ↑https://silenciomusic.co.uk/background-music-for-hypnotherapy-an-essential-guide

9. ↑https://www.nhs.uk/conditions/hypnotherapy/

Capítulo 5 - Guión para dejar de fumar: Aversión

Los cigarrillos saben fatal

Guión de aversión para dejar de fumar

Es fundamental que leas estos guiones siguiendo las instrucciones del capítulo 4. La autohipnosis también puede ser beneficiosa si pregraba los guiones en su dispositivo móvil y luego los escucha mientras se relaja en un sofá o en la cama. Esto puede hacerse pregrabando los guiones en su dispositivo móvil.

Un número significativo de clientes que están interesados en dejar de fumar han expresado que podrían hacerlo si los cigarrillos tuvieran peor sabor. Las sugestiones de hipnosis se utilizan en este guión de Aversión a Dejar de Fumar para impartir un sabor desagradable a los cigarrillos. Las sugestiones de aversión se crean para todos los sentidos, incluyendo la vista, el olfato, el gusto y la textura. Como resultado, el olor es repugnante, la vista es repugnante, la sensación es desagradable, e incluso la idea de fumar te hace querer vomitar.

Sentirá repulsión por cada faceta del hábito de fumar y querrá evitarlo a toda costa. El uso del guión Aversión a Dejar de Fumar hará que retroceda ante la idea de acercarse un cigarrillo a la boca.

Parte 1 del SMOKING AVERSION SCRIPT: Inducción

Tengo curiosidad por saber si se imagina relajándose en la ladera de una colina en un día soleado... Quiero que te imagines en algún lugar del campo en un día precioso. Decide dar un paseo y, a medida que avanza, llega a una especie de valle entre las colinas. Imagínatelo un momento conmigo. Imagínatelo un momento conmigo. Imagínatelo un momento conmigo. Imagínatelo un momento conmigo. Imagínatelo un momento conmigo. I A medida que avanzas por la ruta, observarás que el entorno se vuelve progresivamente más aislado, oscuro y frío. Esto ocurrirá a medida que sigas avanzando por el sendero. A medida que se acerque al agua, que correrá por las rocas como una pequeña cascada y estará cubierta de musgo, empezará a sentirse más a gusto y relajado. El agua bajará por las rocas como una cascada en miniatura. Al llegar abajo encontrarás una piscina. Y una vez abajo, verás que todo es agradable y cómodo... hay un sendero que baja... y empezarás a descender.

Empiezas a bajar esas escaleras, y hay diez escalones hacia abajo. A medida que bajas, cada escalón te ayuda a sentirte más tranquilo... más a gusto... y mientras continúas bajando esas escaleras ahora... Diez... nueve... hundiéndote más y más profundamente en un estado de relajación... y ocho... y siete... sumergiéndote más y más profundamente en la relajación... y seis... y cinco... y cuatro.... y tres... más y más profundamente... y entonces estás en la piscina... y mientras estás de pie en la piscina, empiezas a pensar en sumergirte más y más profundamente... y empiezas a fantasear sobre la piscina y lo que hay debajo de esa piscina...

Parte 2: Aversión al sabor Sección de la terapia

Te miras en el agua e imaginas cómo es tu día, cómo lo empiezas con un cigarrillo por la mañana, cómo fumas unos cuantos más a lo largo del día y cómo acabas la jornada entrando en casa.

Y así, sin más, se hace un silencio sepulcral y comienza un nuevo día, pero éste es diferente.

Imagina que el día llega a su fin, te retiras a la cama donde duermes y sueñas que alguien despierta en un sueño en el que se encuentra junto a un estanque en un valle premonitorio. Ponte por un momento en el lugar de esa persona.

Y todo es como un sueño, un sueño de fuerza y vitalidad: empieza a subir esos escalones ahora mismo, del uno al diez, y empezarás a sentir cómo te alejas de esa vieja rutina a medida que avanzas.

Uno, dos, tres, cuatro y cinco... y a los cinco recuerdas ese patrón y te das cuenta de lo que es: algo horroroso, algo horrible y algo que te repugna. Y ahora, al ir hacia esa luz solar, está destruyendo esa cosa vieja; está muriendo detrás de ti.

hasta el punto en que puedas volver a ver la luz con la seguridad de que por fin has dejado atrás el pasado Cuando estés preparado, abre los ojos y vuelve al presente; AHORA MISMO. y nueve y diez, vuelve a esa ladera soleada; párate allí, abre los brazos y respira profundamente el aire puro; y ahora que eres libre, ve el mundo entero a tu alrededor hasta donde alcanza la vista; libre; limpio y claro.

Capítulo 6 - Guión para dejar de fumar nº 2

Si la nicotina fuera adictiva, todo el mundo estaría enganchado a los parches o a los chicles. Alguien me habría buscado para que le ayudara con hipnosis a dejar el chicle o el parche de nicotina si fuera realmente adictivo. Algo así no ha ocurrido nunca y es extremadamente improbable que ocurra.

Una pregunta natural es por qué la gente sigue encendiéndose. La acción se ha convertido en rutina. Sin embargo, hay que definir un hábito. Cuando una acción se convierte en algo natural, decimos que hemos creado un hábito. Cuando hablamos de hábitos nos referimos simplemente a reaccionar a una señal mental. Ya puede dejar de hacerlo. Ya no necesita dejar de fumar. Ha comprendido que fumar no es más que un hábito. No está a merced de sus pensamientos. Probablemente ha considerado innumerables opciones y al final ha optado por no actuar en ninguna de ellas. Puede que se haya planteado hacer una compra, sólo para reconsiderar su decisión y determinar que los fondos estarían mejor invertidos en otra cosa. Lo mismo ocurre con los productos del tabaco. Invertir en cualquier otra cosa sería una opción más sensata. De hecho, siempre hay una actividad más divertida.

El humo del tabaco contiene una sustancia venenosa llamada nicotina que, sin embargo, no crea adicción. Un dedal bastaría para matar a un caballo. Afortunadamente, cada cigarrillo contiene una cantidad insignificante de toxinas. Aun así, persiste y se acumula, acabando por causar estragos en tu salud. Hay veces en que la culpa la tienen enfermedades mortales como el cáncer, las cardiopatías y el enfisema. Esa cosa horrible no te va a pasar a ti, has decidido. A veces es un resfriado o una gripe, pero otras veces es una tos o una bronquitis. Está claro que te has decidido a dejar de permitir que eso ocurra. Es estupendo que hayas tomado la decisión de poner fin a tu hábito de fumar y a todos los problemas de salud con los que se ha relacionado. A medida que crece tu independencia, tus deseos se disipan gradualmente. Has alcanzado el timón. No cederás a un mal hábito que te está causando problemas de salud. Es sólo una idea.

Es una pregunta fascinante. ¿Cuándo tuvo este pensamiento por primera vez? ¿Estabas paseando un día? Seguro que no se te ocurrió solo. Quizá estabas entre otros fumadores y pensaste que estaría bien unirte a ellos. Pero, ¿de dónde sacaste esa idea?

Convencieron a todo el mundo de que se encendiera porque daba dinero. Tú te enciendes gracias a una de las campañas publicitarias más brillantes de la historia. Hace mucho tiempo, todo empezó. Cuando Estados Unidos entró en la Segunda Guerra Mundial, tanto el público como el gobierno eran entusiastas defensores de la idea, y el gobierno incluso los compró para distribuirlos entre las tropas. La gran mayoría de ellas se llevó consigo el hábito de fumar cuando se marcharon. Estas figuras acabaron asumiendo responsabilidades parentales y de modelo para nosotros. Nos dieron ejemplo y, siguiendo sus pasos, empezamos a fumar. Lo que ocurrió fue que simplemente se transmitió. Hoy en día, las muertes relacionadas con el tabaquismo superan a las causadas por las guerras mundiales juntas.

Y con eso, te dejaré solo. Esos dos tienen sus ojos puestos en ti. Usted es inmune a su esfuerzo de marketing ahora. De hecho, lo encuentras molesto. Cuando intentan venderte un montón de "me gusta", te molesta. En realidad, cada cartón de cigarrillos contiene más de diez veces más mentiras que cigarrillos. Lo que una vez fue un hábito, fumar es ahora simplemente un recuerdo lejano. Se ha liberado de las ataduras de una elección uniformada de hace mucho tiempo. La nueva independencia es muy satisfactoria. Sin sufrimiento. Totalmente despreocupado.

Tendrás presente que siempre hay cosas más gratificantes que hacer que dar caladas a un cigarrillo cancerígeno. De hecho, eso está muy claro. Puesto que ha abandonado con éxito el hábito de fumar cigarrillos, es libre de dedicarse a otros intereses en su vida. Dedíquese a cualquier cosa que le haga feliz, le suponga un reto o le ayude a desarrollar su potencial.

Se ha archivado en los bancos de memoria consciente y subconsciente. Esto significa que nunca más debes envenenarte. Evitas cualquier forma de consumo de cigarrillos. Ahora que eres libre, puedes hacer lo que quieras. El deseo ya no está presente. Ahora eres libre. Puedes dejar de fumar en tu trayecto al trabajo o en la oficina.

Te mereces un día como hoy. Podría ser tan significativo como un día especial como un cumpleaños o un aniversario. Hoy marca el comienzo de la restauración duradera de tu poder. Has alcanzado el timón. Esto es exactamente lo que deseabas. Ahora estás al mando y te irrita que los cigarrillos hayan tenido alguna vez tanto poder sobre ti. Cuando te das cuenta de que siempre hay algo más valioso que hacer que envenenarte con cigarrillos, te sientes invencible.

Has cortado todos los lazos entre el tabaquismo y los acontecimientos pasados. Se han cortado todos los viejos lazos destructivos entre las personas. Las actividades de las que antes disfrutaba mientras fumaba ahora se ven reforzadas por su mejor salud. Desprovisto de las connotaciones negativas que inevitablemente conlleva el fumar. Ahora puede relajarse sin preocuparse por los cigarrillos, ya sea viendo la televisión, hablando por teléfono o relacionándose con amigos. Su aspecto era vil y repulsivo y el mero hecho de estar cerca de ellos le producía náuseas. Te sentirás más sano y seguro ahora que has dejado de fumar. Sin estrés ni molestias. Ya no considerará que fumar sea un hábito. Siempre habrá algo más agradable que hacer que fumar, así que ahora tienes cierta independencia.

Siempre supiste que acabarías rindiéndote. ¡Enhorabuena! Así es. La libertad es tuya hoy y siempre. Te fuiste por tus propias razones y por las de nadie más. Es un intercambio fantástico por tu parte. ¡Qué fantástico intercambio has hecho! Has renunciado a un bien no esencial a cambio de un bien precioso. No se puede comprar un día, una hora o un minuto más de vida por ninguna cantidad de dinero. ¿Cuánta gente daría lo que fuera por una vida más larga? Dejar de fumar no sólo te da más tiempo y una vida más larga, sino que también mejora la calidad de ese tiempo. Más tiempo, más dinero y más dignidad forman parte de la mejora de su calidad de vida. Ahora tiene una nueva vida, llena de optimismo y vitalidad. Su salud es el activo más importante que puede tener. Ha cambiado algo indeseable por algo deseable; ahora tiene más tiempo para hacer las cosas que le gustan. Y goza de mejor salud para aprovecharlo todo. Ya no considera que fumar sea un hábito. Hoy en día, es imposible encontrar una ocasión en la que sea preferible fumar.

Nunca podrá volver a su forma anterior de hacer las cosas. Sabiendo que fumar causa malestar, has decidido modificar ese comportamiento. Eres capaz de afrontar cualquier cosa que se te presente sin recurrir al tabaco porque no vas a caer en la tentación. A pesar de todo, todo irá bien. Siempre hay mejores formas de pasar el tiempo que dando caladas. Es el tipo de cosas que se te quedan grabadas para siempre. Es fácil encontrar alternativas al tabaco. Te liberarás de tus cadenas para siempre. Es preferible tomar un vaso de agua. Es preferible un chicle. Casi todo es preferible a fumar, siempre que no implique infringir la ley, actuar de forma inmoral o añadir kilos de más. ¡Ya que eres tú quien manda!

Conoce bien los problemas a los que se enfrenta. Has decidido responsabilizarte de tu salud y dejar de introducir toxinas en tu cuerpo. Lo que tienes que hacer es dar la espalda a las toxinas. Tu salud te será agradecida por tu cuerpo. Ahora que el humo se ha disipado, tu cerebro te recompensará permitiéndote pensar con más claridad. Si deja de fumar, notará una mejora en su salud mental y en su bienestar general como resultado de la eliminación de una importante fuente de estrés en su vida. El hábito de fumar es sólo un hábito. Usted renunció a él a cambio de vida, salud, confianza en sí mismo y paz mental, cosas que el dinero no puede comprar.

Enhorabuena. Has dejado el hábito con éxito y seguirás viviendo sin fumar. Ahora, siempre que esté en compañía de fumadores, se sentirá fortalecido en lugar de amenazado. a pesar de que pueda sentir lástima por ellos. Cuando esté rodeado de otros fumadores, no le importará el fuego ni el humo, ya que podrá sumergirse por completo en su compañía. Además, volver a este grupo te hará sentir muy bien por dentro y por fuera. dominar la situación Ya no estás sujeto a los caprichos de los insensibles fabricantes de cigarrillos. Has decidido vivir una vida larga y sana sin volver a encender un cigarrillo.

Piensa este pensamiento en tu cabeza mientras lo digo en voz alta: "No fumo ahora y no fumaré el resto de mi vida". (Escríbalo quince veces).

Ahora eres un no fumador de por vida. Te sientes mejor que nunca, y eso sólo va a aumentar una vez que el alquitrán y el humo de tus pulmones desaparezcan definitivamente.

El veneno y el hedor ya no son un problema para ti. En el fondo, siempre has anhelado ser independiente y desenfrenado. Probablemente porque apesta y te enferma, siempre lo has despreciado. Has elegido un camino. Has decidido que no volverás a encender un cigarrillo. Una calada de nicotina te recuerda que nunca jamás volverás a cometer ese error. En ningún caso volveremos a cometer ese error.

Respira hondo y dite a ti mismo: "Siempre hay algo mejor que hacer que fumar", cada vez que sientas el deseo de encender un cigarrillo. Esto te dará una sensación de poder y te ayudará a no ceder a tus ansias. Bien, manos a la obra. Inspira largamente y, al exhalar, dite a ti mismo: "Siempre hay algo mejor que hacer que fumar". Después, concéntrate en lo bien que te sientes al liberarte definitivamente de ese hábito malsano.

Capítulo 7 - Guión para dejar de fumar nᵒ 3

Cliente, no va a dejar de fumar hoy. Los síntomas de abstinencia después de dejar de fumar incluyen deseos intensos de nicotina y productos del tabaco. Pueden aparecer ansias o deseos de fumar cigarrillos o tabaco si decide dejar de fumar. Algunas personas experimentan molestias físicas o psicológicas cuando intentan dejar de fumar, como antojos, síndrome de abstinencia o aumento de peso.

Ha decidido dejar de fumar a partir de hoy. Es como si nunca hubieras fumado cuando dejas de fumar. Los antojos de tabaco y cigarrillos son innecesarios para usted. No tiene que preocuparse por los síntomas de abstinencia ni por el aumento excesivo de peso ahora que ha decidido dejar de fumar. Cuando dejas de fumar, es como si nunca hubieras fumado.

Utiliza las técnicas de inducción y ampliación que te resulten más satisfactorias para ponerte manos a la obra.

(Inserte aquí el nombre del cliente) Quiero que preste mucha atención mientras escucha atentamente el sonido de mi voz, dejando que todos los demás sonidos y pensamientos se desvanezcan en el fondo. Con cada exhalación lenta y suave, te encontrarás flotando en un estado de calma creciente. Tu mente inconsciente es receptiva a cualquier sugerencia de mejora. Quiero que visualices algunas cosas para mí, y como ahora estás en un estado mental profundo y relajado gracias al relajante sonido de mi voz, no deberías tener problemas para hacerlo. menos tenso y más a gusto.

(Inserte aquí el nombre del cliente) Obviamente ha llegado a una conclusión para justificar su presencia hoy aquí. Por fin ha decidido dejar los cigarrillos para siempre. Además, como no fumador, ya no tienes necesidad de tener ansias o deseos de fumar cigarrillos o tabaco, ya que es como si nunca hubieras fumado. No hay necesidad de preocuparse por los síntomas de abstinencia o el aumento excesivo de peso ahora que ha decidido dejar de fumar. Esto es así porque dejar de fumar es lo mismo que no haber fumado nunca.

Segunda parte,

(UNA NOTA PARA EL TERAPEUTA)

Utiliza las técnicas de inducción y ampliación que te resulten más satisfactorias para ponerte manos a la obra.

(Inserte aquí el nombre del cliente) Quiero que preste mucha atención mientras escucha atentamente el sonido de mi voz, dejando que todos los demás sonidos y pensamientos se desvanezcan en el fondo. Con cada exhalación lenta y suave, te encontrarás flotando en un estado de calma creciente. Tu mente inconsciente es receptiva a cualquier sugerencia de mejora. Quiero que visualices algunas cosas para mí, y como ahora estás en un estado mental profundo y relajado gracias al relajante sonido de mi voz, no deberías tener problemas para hacerlo. menos tenso y más a gusto.

(Inserte aquí el nombre del cliente) Obviamente ha llegado a una conclusión para justificar su presencia hoy aquí. Por fin ha decidido dejar los cigarrillos para siempre. Además, como no fumador, ya no tienes necesidad de tener ansias o deseos de fumar cigarrillos o tabaco, ya que es como si nunca hubieras fumado. No hay necesidad de preocuparse por los síntomas de abstinencia o el aumento excesivo de peso ahora que ha decidido dejar de fumar. Esto es así porque dejar de fumar es lo mismo que no haber fumado nunca.

parte 3,

(UNA NOTA PARA EL TERAPEUTA)

(Inserte aquí el nombre del cliente) Quiero que se tome un minuto y piense en todo lo bueno que le ha pasado en la vida hasta ahora. Tu capacidad para pensar con originalidad, tu coeficiente intelectual y tu compromiso de no volver a coger un cigarrillo son impresionantes.

Ha decidido dejar de fumar en este momento. Por si fuera poco, no echará de menos los cigarrillos ni el tabaco en ninguna de sus formas ahora que es un no fumador. No tiene que preocuparse por los síntomas de abstinencia ni por el aumento excesivo de peso ahora que ha decidido dejar de fumar. Esto es así porque dejar de fumar es lo mismo que no haber fumado nunca.

(Inserte aquí el nombre del cliente) Has decidido con seguridad rechazar todo lo que es malo para ti. Y sabes en tu corazón que fumar es malo para ti física, mental y espiritualmente.

Nombre de cliente, usted ha tomado la decisión, la decisión definitiva, de dejar de fumar por usted mismo, por su salud y por su bienestar, para que usted y sus seres queridos puedan tener una vida más larga, mejor y más plena.

parte 4,

(UNA NOTA PARA EL TERAPEUTA)

Nombre del cliente, quiero que se imagine haciendo su día como de costumbre, pero esta vez sin fumar ni consumir tabaco de ninguna forma. forma , y quiero que se sienta satisfecho consigo mismo por haber tomado la decisión de poner fin a su dependencia de los productos del tabaco.

(Inserte aquí el nombre del cliente) es no fumador desde hoy y lo seguirá siendo el resto de su vida. Y como ex fumador que ya no se deja llevar por el hábito, puede estar seguro de que no volverá a tener la tentación de encender un cigarrillo bajo ninguna circunstancia. Puede dejar de fumar sin sufrir síndrome de abstinencia ni engordar en exceso. Por la sencilla razón de que nunca ha fumado ni tiene intención de empezar a hacerlo. Haber dejado de fumar es lo mismo que no haber fumado nunca.

A partir de este momento y en adelante, el mismo olor de los cigarrillos o del tabaco en cualquiera de sus formas es indeseado, desagradable y huele horrible sin importar dónde se encuentre o lo que esté haciendo (nombre del cliente). malo para usted. A partir de ahora, y más cada día que pasa, el sabor de los cigarrillos o del tabaco en cualquiera de sus formas es indeseado y desagradable, y sabe así sin importar dónde estés o lo que estés haciendo. El sabor es tan repugnante que, en cuanto te lleves un cigarrillo a los labios, querrás escupirlo. parte 5,

(UNA NOTA PARA EL TERAPEUTA)

(Inserte aquí el nombre del cliente) Ya no es deseable que sus pulmones estén expuestos a esos vapores tóxicos. Sus pulmones anhelan el día en que puedan respirar aire fresco en pulmones limpios. Si ha estado respirando sustancias químicas nocivas, sus senos paranasales estarán encantados de recibir aire fresco en su lugar.

(Inserte el nombre del cliente aquí) es un no fumador desde este día en adelante, y lo seguirá siendo por el resto de su vida. Y como antiguo fumador que ahora no fuma, se sentirá como si nunca hubiera tenido ansia de cigarrillos o productos del tabaco en primer lugar. Puede dejar de fumar sin sufrir síndrome de abstinencia ni ganar peso excesivo. Por la sencilla razón de que nunca ha fumado ni tiene intención de empezar a hacerlo. Haber dejado de fumar es lo mismo que no haber fumado nunca.

Te sentirás triste por cualquiera que veas fumando cigarrillos o productos del tabaco a partir de este preciso segundo, independientemente de dónde estés o qué estés haciendo. Están fuera de control y eso me entristece por ellos. Sentirte satisfecho de ti mismo viene de saber que ya no eres esclavo del tabaco en ninguna de sus formas. Porque nunca has fumado y nunca lo harás. Haber dejado de fumar es lo mismo que no haber fumado nunca.

parte 6,

(UNA NOTA PARA EL TERAPEUTA)

Nombre del cliente aquí: (insertar), sus pulmones están hartos de esos vapores tóxicos. Sus pulmones anhelan el día en que puedan respirar aire fresco en unos pulmones limpios. Si ha estado respirando sustancias químicas nocivas, sus senos paranasales estarán encantados de recibir aire fresco en su lugar.

(Inserte el nombre del cliente aquí) es un no fumador desde este día en adelante, y lo seguirá siendo por el resto de su vida. Y como antiguo fumador que ahora no fuma, se sentirá como si nunca hubiera tenido ansia de cigarrillos o productos del tabaco en primer lugar. Puede dejar de fumar sin sufrir síndrome de abstinencia ni ganar peso excesivo. Por la sencilla razón de que nunca ha fumado ni tiene intención de empezar a hacerlo. Haber dejado de fumar es lo mismo que no haber fumado nunca.

Te sentirás triste por cualquiera que veas fumando cigarrillos o productos del tabaco a partir de este preciso segundo, independientemente de dónde estés o qué estés haciendo. Están fuera de control y eso me entristece por ellos. Además, te sentirás satisfecho contigo mismo por haberte demostrado que puedes gobernar tu propia vida sin dejar que los cigarrillos o el tabaco te dominen nunca más. Porque nunca has fumado y nunca lo harás. Haber dejado de fumar es lo mismo que no haber fumado nunca.

parte 7,

(UNA NOTA PARA EL TERAPEUTA)

Durante el resto de su vida, (Indicar el nombre del cliente) seguirá siendo no fumador a pesar de que se le pueda ver divirtiéndose en cualquier entorno en el que no esté expuesto al tabaco.

(Nombre del cliente), hoy te encuentras en una encrucijada crucial en tu vida, y quiero que te imagines en esa posición.

Cuando echas un vistazo a tu izquierda, no ves más que un callejón sin salida y un paisaje hostil. Las nubes cubren el cielo y cae una fría llovizna. La hierba hace tiempo que ha sido sustituida por guijarros helados, y los árboles están desprovistos de su follaje habitual. La niebla y la lluvia son arrastradas por una brisa gélida. Este lugar carece de vida. El viaje de un fumador tiene este aspecto. Recorrer este camino sólo puede traerte miseria y muerte. Es un tramo de carretera deprimente, todo helado, yermo y deshabitado.

Mencione aquí el nombre del cliente. Al final de la carretera, gire a la derecha y llegará a un tramo impresionante. El cielo es de un azul brillante y el sol brilla con fuerza. La hierba es verde y hay hojas en los árboles. Cuando empieces a pasear por este camino, notarás que una suave brisa juega suavemente con tu pelo; aquí está el camino que no permite fumar. Vivirás una vida más larga, mejor y más feliz si sigues este camino, y notarás una diferencia en cómo te sientes a medida que avanzas. Cuanto más tiempo pase sin fumar, más enérgico se sentirá y más seguro estará de que nunca volverá a fumar.

Usted, (Nombre del cliente), ha tomado la decisión de vivir la vida larga, sana y poderosa de un no fumador.

(Inserte aquí el nombre del cliente) Todos los cambios beneficiosos que le hemos sugerido se han grabado permanentemente en su subconsciente, donde se reforzarán una y otra vez con cada exhalación que haga.

(Elige un número que te guste)

Capítulo 8 - Cómo dejar de fumar con el ancla de la PNL

Un guión de programación neurolingüística para ayudar a los fumadores a dejar el hábito que dicen que es sólo un hábito. El objetivo de este guión es ayudar a las personas a dejar de fumar. Está diseñado para ayudar a aquellos que han dejado de fumar con éxito en el pasado, pero han recaído.

Gracias a la aplicación de técnicas de anclaje y visualización del campo de la PNL, este método es eficaz. Establece una conexión entre los recursos internos del fumador y sus creencias personales y desencadenantes ambientales, incitando al fumador a recordar su capacidad para dejar de fumar cuando se produce el acontecimiento desencadenante.

A lo largo del guión se emplean tres técnicas de anclaje distintas. La primera es una metáfora física que utiliza el puño cerrado para ayudar a cimentar sentimientos de resolución.

La segunda se basa en el concepto de Palabra Mágica. Cada vez que vuelvan a sentir la tentación, pueden mirar la imagen para recordar que tienen el poder de superar la situación.

En tercer lugar, puede asociar un tono con una creencia determinada a través del anclaje hipnótico. El tono servirá de recordatorio constante al fumador de que es capaz de dejar de fumar con éxito gracias a la sugestión posthipnótica...

PNL SCRIPT PARA DEJAR DE FUMAR

METÁFORA FÍSICA DEL PUÑO CERRADO

Ahora vas a aprender cómo aumentar tu resistencia a la tentación.

Mientras estás en este estado de relajación profunda... tu respiración es lenta y constante... tu cuerpo está relajado... cada músculo está suelto y pesado...

Este estado es algo que tú has creado... por ti mismo... y a tu manera... y la forma en que lo experimentas es única para ti....

Tienes la posibilidad de volver a este estado cuando quieras....

y cuando estás en este estado puedes lograr las cosas más asombrosas... con las fuerzas más asombrosas... porque tu mente está enfocada

es un estado de fuerza interior... un estado que te permite entrar en contacto con poderes superiores... un estado que te permite trascender tu yo normal... invocar recursos internos y crear efectos poderosos... casi mágicos.

Y tienes la habilidad natural de usar este estado único especial....

Y mientras te relajas allí ahora.... respirando suavemente... puedes ser consciente de tus manos... una sensación en tus manos... y tu mente puede seleccionar una mano u otra mano... deja que tu mente decida... elige una mano....

Y a medida que la mayor parte de tu cuerpo se relaja, verás que una mano empieza a cerrarse, a cerrarse en un puño... y luego se relaja de nuevo... y a medida que esa mano se relaja... entras más y más en ....

Y a medida que profundizas más y más en tu interior... te das cuenta de algo... te das cuenta de que algo surge dentro de ti... y lo reconoces por lo que es... una feroz determinación de no volver [a fumar] nunca más... un sentimiento de obstinada resistencia a [la idea de volver a fumar]...

Y una vez más... observa cómo se cierra tu mano... y observa la sensación asociada a esto... mientras esa mano se cierra... tu mente se centra en por qué quieres [dejar de fumar], [el olor, el coste, la salud,...].

Y eso te hace aún más consciente de lo que consigues no fumando... y pensando en ello... ese sentimiento de determinación... de confianza en ti mismo... de que puedes vencer esto... de que puede parar para siempre... se hace más fuerte y más fuerte....

Reorientación

Y mientras piensas eso, puedes empezar a pensar en volver al presente. Sabiendo que tienes esa fuerza... y pronto, muy pronto... sientes que respiras profundamente. La cabeza se mueve, los párpados parpadean, vuelves al presente, totalmente alerta, listo para el resto del día... listo para pasar a la siguiente etapa. Así es.

Bienvenido de nuevo.

Capítulo 9 - Sugerencias directas guionizadas para ayudar a los fumadores a dejar de fumar

Para ayudar a las personas a dejar de fumar, se utiliza la sugestión directa.

Este guión de sugestión directa para dejar de fumar es una versión modernizada del clásico guión de sugestión directa para dejar de fumar. Tiene todo lo que una persona necesita para finalmente dejar el hábito. La sugestión directa es un tipo de hipnosis que se basa en una serie de sugestiones, y se demuestra en este guión. Cada recomendación es una orden que indica al fumador exactamente lo que debe hacer y cómo debe ser. Para ayudar a la gente a dejar de fumar, la sugestión directa ha demostrado tener bastante éxito.

La mayoría de los fumadores necesitan que se les asegure que pueden dejar el hábito para siempre, que no echarán de menos los cigarrillos y que pueden manejar el estrés de otras maneras.

No se sienta obligado a leer toda la Hoja de consejos para dejar de fumar, utilice sólo las partes que se apliquen a usted.

El guión puede manipularse de varias maneras. Capacidad, Control, Aversión, Comportamiento, Salud, Forma física, Peso, Apariencia y Sustitución son los subtítulos para los distintos aspectos de la deshabituación tabáquica. Falta de deseo, Abstinencia del consumo de tabaco describe un patrón de comportamiento deseable. La terapia parcial se trata en el último capítulo.

Tras conocer las motivaciones, rutinas y desencadenantes del tabaquismo del cliente, se puede utilizar el guión de sugestión directa para ayudarle a dejar de fumar. El terapeuta tiene en cuenta los hábitos de fumar y las motivaciones del paciente para adaptar el guión en consecuencia.

GUIÓN DE SUGESTIÓN DIRECTA PARA DEJAR DE FUMAR

Por eso te empeñas en no volver a encender un cigarrillo, tan seguro de haber dejado por fin el hábito.

Por favor, NO FUMES NUNCA

Ya está, has terminado para siempre... No volverás a coger un cigarrillo ni a encenderlo. Cuando tengas un cigarrillo en tus manos, debes destrozarlo, aplastarlo, molerlo contra el suelo y saborear el proceso. Para ti, esto se ha acabado definitivamente.

No existe "un solo" cigarrillo porque fumar es intrínsecamente arriesgado y tóxico.

Te sentirás obligado a abandonar la zona de inmediato si alguna vez corres peligro de encenderte; empezarás a salir; encontrarás un lugar seguro, alejado de ella, y tus pensamientos se llenarán de alarmas sonoras. Respirarás hondo hasta que la amenaza haya pasado, momento en el que te invadirá una oleada de paz y serenidad. Si alguna vez has querido dejar de fumar, ya no necesitas fumar.

NO DEPENDA DE LOS CIGARRILLOS PARA DESCANSAR.

Te das cuenta de que ya no te apetecen los cigarrillos.

Con cada nuevo consejo, dependes cada vez menos del tabaco, ya que te das cuenta de que la terapia de sustitución de nicotina es la clave para recuperar tu antigua sensación de tranquilidad y paz mental sin volver a fumar.

Olvídate de la tensión que te producían los cigarrillos; sabes que puedes manejarla; ya la has manejado antes; otras personas la han manejado antes; y los cigarrillos siguen ahí.

Y ahora, en estos casos, sentirás una extraña paz.

Reorientación

Y mientras lo haces, puedes empezar a planear tu regreso al presente. Respiras profundamente aliviado, sabiendo que tienes fuerzas para hacerlo en breve. El sujeto sacude la cabeza, pestañea, vuelve al aquí y ahora y está listo para afrontar el resto del día o la siguiente fase. Tienes toda la razón.

Gracias por volver.

Capítulo 10 - Guión para dejar de fumar nº 4

En contraste con otros guiones, destaca el guión de órganos para dejar de fumar. Le anima a prestar atención a lo que le dicen sus órganos internos sobre los efectos del tabaco.

La clave del éxito de este guión es desvincular las acciones de la persona que hay detrás de ellas. Son capaces de sentir sensaciones en determinadas zonas de su cuerpo. Esto les da la oportunidad de escuchar sus motivaciones para fumar.

Todo el mundo tiene derecho a ser escuchado y a expresar sus opiniones. En algún nivel, la mayoría de las personas entienden que están compuestas de elementos interdependientes y que tienen más de una mente. Es un principio atemporal que mucha gente parece entender en algún nivel.

Una vez finalizada la hipnosis, el cliente recibe una serie de sugestiones posthipnóticas diseñadas para provocar una respuesta física y evitar que vuelva a fumar.

GUIÓN DEL ÓRGANO PARA DEJAR DE FUMAR

Sección sobre el tratamiento

En este estado alterado, obtienes nuevas percepciones.

Puedes aprender a apreciar las múltiples facetas de tu identidad.

Y usted sabe que, para sentirse bien, necesita que todo funcione a la perfección.

Cada uno de los órganos del cuerpo tiene una función específica. Cada componente trabaja conjuntamente para maximizar tu longevidad. En este caso, todos están dispuestos a colaborar.

Y es consciente de que el tabaco ha envenenado varios sistemas de su organismo, haciéndolos menos eficaces.

Sugerencias parcialmente dirigidas

Aunque no seas consciente de ello, tus pulmones tienen una frecuencia respiratoria preferida. Es un número que sólo tus pulmones conocen, porque ni tú mismo lo sabes. El objetivo de ese número es muy importante para tu pulmón.

Y tú le pones fin.

Tú no pediste que el humo, el alquitrán y los gases mortales entraran en tus pulmones y te asfixiaran.

Mientras sigas dando caladas a ese cigarrillo, tus pulmones no podrán funcionar como fueron diseñados. Tus pulmones trabajan muy duro para mantenerte con vida y, sin embargo, ignoras su dolor, sus molestias y su tos.

Si pudieras oír tus pulmones, ¿qué crees que dirían? Un aplauso por enviar señales de humo. Castigarlos quitándoles la vida.

Quizá sea el momento de escucharles.

Terapia de piezas

Aprenda a prestar atención a su propia respiración. Ten en cuenta su situación y sus emociones.

Averigua qué dirían tus pulmones si pudieran hablar.

Reorientación

Y mientras lo haces, puedes empezar a planear tu regreso al presente. Respiras profundamente aliviado, sabiendo que tienes fuerzas para hacerlo en breve. El sujeto sacude la cabeza, pestañea, vuelve al aquí y ahora y está listo para afrontar el resto del día o la siguiente fase. Tienes toda la razón.

Gracias por volver.

Capítulo 11 - Guión de visualización para dejar de fumar

Imaginería hipnótica para dejar de fumar

GUIÓN VISUAL PARA DEJAR DE FUMAR

La inducción hipnótica y más profunda al trance que abre este guión de visualización para dejar de fumar por hipnosis es intencionada. A continuación, el sistema emplea recomendaciones hipnóticas para ayudar al usuario a volver a ponerse en contacto con sus niveles previos de logro. En este punto, el fumador puede tener fe en que puede dejar el hábito con éxito. La fase siguiente a ésta emplea una terapia de visualización guiada de partes para erradicar la parte de ti que ansiaba los cigarrillos. A continuación, imagínese sin fumar.

La segunda sección del guión indaga en la opinión del subconsciente sobre si es seguro o no dejar de fumar. La segunda imagen distrae al fumador centrándose en los resultados positivos para la salud y proporcionándole inspiración para abandonar el hábito. En la sección final, empleamos dos conjuntos de recomendaciones de hipnosis directa para convencer al fumador de que puede dejar de fumar con éxito a través de la hipnosis....

GUIÓN DE VISUALIZACIÓN PARA DEJAR DE FUMAR

Las acciones pasadas son aceptables para el perdón.

Ahora, detrás de esa puerta [nombre del cliente], encontrarás un trozo de ti mismo, un trozo de tu creatividad, un trozo de tu inteligencia, un trozo de tu humor, un trozo de tu habilidad....

Y puedes imaginarte entrando por esa puerta y descubriéndote en medio de todos esos aspectos buenos de ti mismo, y entre todos esos aspectos que te hacen sentir bien contigo mismo, y entre todos esos aspectos que presionan sobre ti a medida que te vas conociendo. Y te sientes bien porque sabes que cada parte de ti es valiosa y trabaja para tu propia mejora, al igual que cada pensamiento e idea que tienes.

Y cuando eches un buen vistazo al espacio, verás todas esas increíbles características. Pero falta algo, y mientras miras a tu alrededor, te das cuenta de que hay una puerta en la pared del fondo de la habitación. Es una puerta negra, y te diriges a ella, abriéndola con sumo cuidado. Dentro está la parte de ti que sigue fumando y, al mirarla, te das cuenta de que está asustada. Quería ayudarte cuando empezaste a fumar; pensaba que estaba haciendo algo bueno por ti.

Se puede inventar un acto novedoso.

y puedes colaborar con la parte de ti que fumaba; esa parte de ti que es inventiva y está abierta a nuevas experiencias. Es increíble lo rápido que se te ocurren tres alternativas novedosas al tabaco que ofrezcan beneficios similares para la salud. Eso ocupará el lugar de esa rutina que solía tener; puede ser algo tan sencillo como comer más fruta o tan implicado como una higiene dental regular. Sin embargo, puede que sustituya... un nuevo comportamiento por el que tenía, y puede que se pregunte cuáles podrían ser esos comportamientos. Aquí es donde entra en juego tu lado creativo, tu encantador y rico lado creativo, que te ha servido toda la vida. En pocas palabras, aparecerán espontáneamente....

Reorientación

Y mientras lo haces, puedes empezar a planear tu regreso al presente. Respiras hondo, seguro de que tienes la fuerza para hacerlo. El sujeto mueve la cabeza, parpadea, vuelve al aquí y ahora y está listo para afrontar el resto del día o la siguiente fase. Tienes toda la razón.

Gracias por volver.

Capítulo 12 - Guión para dejar de fumar n° 5

Ánimo para dejar de fumar

Inspiración para dejar de fumar y seguir sin fumar

Para superar las dos semanas iniciales de dejar de fumar, muchos clientes afirman sentirse desmotivados. El guión Motivación para dejar de fumar adopta un enfoque novedoso al hacer que una mujer visite a un hipnotizador para que la ayude a abandonar el hábito. Tras llegar a ese lugar encantado de la juventud, se puede abordar y abandonar la verdadera motivación para fumar.

La segunda metáfora está diseñada para aumentar la confianza y superar cualquier trauma temprano que pueda estar impidiendo al lector dejar de fumar. Esto se hace eco y refuerza la metáfora original para resolver el problema en cuestión.

La clase concluye con algunas sugerencias prácticas sobre cómo ganar confianza y dejarse llevar.

Inducción [Utilice los procedimientos de inducción habituales].

Discurso de metáforas pasadas

No sé si se lo he dicho alguna vez, pero no hace mucho conocí a una chica que estaba en una situación parecida a la tuya: no estaba contenta con su vida, no sabía por qué las cosas no iban como ella esperaba, había hecho todo lo que se suponía que tenía que hacer, pero nada cambiaba, y pidió consejo a un chico, preguntándole: "¿Qué hago?".

Y estaba completamente fuera de sí.

Se dio cuenta de que allí había una especie de hueco, y empezó a mirar en el hueco, a pensar en ello, y en el hueco, se dio cuenta de que había una forma de entrar, una forma de entrar en aquello, y al final encontró una forma de g. Pero se fue a casa de todas formas, y pensó en toda su vida y en cómo le habían ido las cosas, en sus padres y en crecer y conocer gente, en que tiene una casa y una pareja y su familia y sus hijos.

Tuvo que localizar el origen del problema y deshacerse de él, y cuando lo hizo, se encontró en una extraña casa antigua con multitud de habitaciones. Al mirar a su alrededor, se dio cuenta de que una de las habitaciones era la que recordaba de sus primeros años, y que había cambiado poco desde que era niña. Reconoció la cocina y el vestíbulo, y al seguir explorando, se encontró en otras habitaciones....

Entonces vio algo más que no había estado allí antes: una puerta. Imaginó la puerta de un armario o un gabinete y pensó: "Nunca he ido allí".

y abrió el pequeño armario para descubrir una caja -quizá un gran baúl de juguetes, o tal vez un baúl de herramientas, aunque estaba oscuro y no podía saberlo- en su interior.

Sin embargo, se fijó en una caja que estaba segura de que debía ser suya porque llevaba su nombre.

se deleitó al recordar que había visto un juguete favorito de su infancia y pensó: "Vaya, me pregunto qué más habrá aquí", mientras rebuscaba en el contenido de la caja que llevaba tanto tiempo guardando. ¡Era algo que había olvidado por completo!

Reorientación

Y mientras lo haces, puedes empezar a planear tu regreso al presente. Respiras profundamente aliviado, sabiendo que tienes fuerzas para hacerlo en breve. El sujeto sacude la cabeza, pestañea, vuelve al aquí y ahora y está listo para afrontar el resto del día o la siguiente fase. Tienes toda la razón.

Gracias por volver.

Capítulo 13 - Guión #6 para dejar de fumar

Guión para que las mujeres dejen de fumar

Un guión para dejar de fumar escrito específicamente para el público femenino. El guión aborda temas que han demostrado estar muy relacionados con las mujeres fumadoras. Se habla de la amistad, la sociabilidad, la familia, la belleza y el poder personal, así como de otros aspectos del tabaquismo que atraen a las mujeres.

A lo largo del guión se visualizan profundas historias metafóricas. Una vez finalizado el adoctrinamiento, el cliente es llevado a un lugar desconocido y conducido a un edificio igualmente desconocido. Dentro, mantiene una conversación con un personaje que le informa de que su vida está a punto de alterarse drásticamente. A continuación, se le muestran los posibles resultados en función de su actitud actual hacia el tabaco. Tiene una imagen mental de sí misma fumando en público y retrocede horrorizada. Su devoción por ella es incondicional. Acude a los resultados de su nuevo comienzo y se salva. El lenguaje autoafirmativo la ayuda a sentirse mejor consigo misma. Por fin, está dotada de una capacidad protectora.

GUIÓN DE EMPODERAMIENTO FEMENINO PARA DEJAR DE FUMAR

La hipnosis te hace sentir somnoliento y adormilado, y entonces todo tu cuerpo empieza a sentirse perezoso y agobiado.

Eso es exactamente; a medida que respiras, te hundes más y más.

Tener un encuentro extracorporal

¿Se imagina en algún lugar remoto, quizás con mucho sol, árboles y playas de arena?

Y ahora estás paseando solo por una playa con el sol brillando a un lado y nadie más a la vista. Cuando paseas por una playa desierta en un día espléndido, puedes sentirte como si fueras la única persona del mundo, a menos que veas unas huellas en la arena.

Decides satisfacer tu curiosidad tomando estas medidas

La escalera te lleva hacia el interior, alejándote de la orilla. A pesar de la sinuosa orientación del camino de izquierda a derecha y de derecha a izquierda, te sientes cómodo y a gusto a medida que te adentras en el bosque, y tu sensación de asombro ante esta zona desconocida no hace más que aumentar.

Y entonces se llega a una estructura. Los árboles cubren el paisaje, dando a la zona un aspecto envejecido.

Se accede por una entrada amplia y un tramo de escaleras. Al bajar los escalones, se llega a un lugar donde reina la paz y la tranquilidad.

Las llamas de las antorchas brillan intensamente y una brisa aromática recorre la zona. Hay un gran banco en medio de la sala. El banco está decorado con hierbas y flores.

Además, ocupa el banco. Proporciona un alto grado de calidez y suavidad. Como es tan blando, decides echarte una siesta tumbado en el banco. Además, al acomodarte, el asiento parece envolverte con sus brazos, proporcionándote una reconfortante sensación de seguridad.

Generación de energía

Y entonces empiezas a soñar despierto. Empiezas a tener sueños en los que la persona entra en la habitación.

En ese instante, una figura se acerca y dice: "Hay un propósito para que estés aquí, en esta cámara oculta. Has llegado a un momento crucial de tu vida. Has llegado a un momento en el que has empezado a progresar. Has iniciado el camino hacia la recuperación y la transformación, hacia la reconstrucción de tu vida y, al hacerlo, ya estás influyendo en el mundo que te rodea.

Asusta a algunos, y eso está bien. Empieza a hacerles dudar de si esta tendencia durará o no. Empiezan a cuestionarse si tienen o no la fuerza para seguir adelante.

Estoy aquí para informarte de que tienes lo que hace falta. Algo dentro de ti sabe que este es el momento decisivo de tu vida.... Que has alcanzado un punto de equilibrio.

Has llegado a un momento crucial en el que puedes elegir varios caminos.

Ya te has decidido. Has tomado la decisión consciente de avanzar en la dirección del restablecimiento de la salud y la felicidad. Y ahora, todo lo que se necesita es un suave empujón para que sigas avanzando en esa dirección... para que sigas haciendo lo que has estado haciendo tan bien.

Poder inspirador

Te transportas de nuevo a esa cámara, con sus antorchas y plantas perfumadas. Sí, te pones de pie.

Y una puerta se alza ante él. Debes entrar por esa puerta. Te acercas a la puerta y te fijas en algo que hay en la pequeña estantería de al lado. Una baratija preciosa y reluciente.

Y tu monólogo interno insiste en que "Tómalo. Es tuyo; considéralo el pago completo. Por tomar la decisión correcta".

Es algo que puedes coger y llevar contigo. Te ilumina la mano y puedes sentir la luz. Y cuando ese calor se extiende por el resto del cuerpo, sientes una sensación de alivio, paz y relajación. Mientras lo tengas, sabes que tienes todo el control que puedas desear. Esta es la seguridad que ofrece.

Ha llegado el momento del cambio permanente. Ya no puedes volver atrás. Eres poderoso, competente y centrado.

Has ganado. Los acontecimientos pasados son irrelevantes en el presente.

Eres de los que pueden salir de esa habitación tan fácilmente como quitarse un abrigo sucio del cuerpo.

Estoy a punto de salir a tomar el sol. Y me suelto la melena y me parto de risa porque la vida es estupenda. Todavía hay mucho espacio para la creatividad. Puedes estar empezando un nuevo capítulo de tu vida. De una forma positiva que se distinga de la norma. Además, todo lo que necesitas está al alcance de la mano.

Quizá se pregunte qué sección apreciará más.

Reorientación

Y mientras lo haces, puedes empezar a planear tu regreso al presente. Respiras profundamente aliviado, sabiendo que tienes fuerzas para hacerlo en breve. El sujeto sacude la cabeza, pestañea, vuelve al aquí y ahora y está listo para afrontar el resto del día o la siguiente fase. Tienes toda la razón.

Gracias por volver.

Capítulo 14 - Guión para dejar de fumar n° 7

Cambia de metáfora y estarás en el buen camino para dejar el tabaco.

Dejar de fumar con la ayuda de la sustitución de metáforas es un método fácil con un potencial significativo. El método consiste en identificar las metáforas positivas que el fumador tiene del hábito de fumar y sustituirlas por otras más neutras o incluso negativas. Por eso, la metáfora negativa del fumador se hace más fuerte cada vez que piensa en dar una calada a un cigarrillo. Esto contrarresta la euforia de fumar haciendo que el fumador se sienta culpable cada vez que piensa en volver a encenderlo. Como esa imagen ya está arraigada en su mente, la estrategia es eficaz. Cuando cambias tu perspectiva sobre algo, ya no puedes volver atrás.

La estrategia de sustitución de metáforas es flexible y útil para una amplia gama de problemas.

Método sustitutivo para dejar de fumar:

Uno de mis clientes era fumador y se negaba a dejar de fumar. Para que pudiera hacerme una idea de lo que le pasaba por la cabeza en relación con el tabaco, le pregunté: "¿Qué te viene a la mente cuando piensas en fumar?".

Hay "duda" en lo que dijo.

¿Preocupaciones por qué, en concreto?

"No estoy segura de querer dejarlo después de todo".

Así que le dije que "cerrara los ojos". Considera ahora los beneficios de fumar. Pregúntese: "¿Qué ve cuando piensa en fumar? ¿Te imaginas fumando? ¿Cómo es para ti fumar?".

Dijo que se veía a sí mismo fumando un cigarrillo y paseando solo por la orilla del río. Connota fuertemente un momento agradable y una fumada satisfactoria.

Por lo tanto, la estrategia consiste en transformar esa imagen mental alentadora en una imagen aterradora.

Con los ojos aún cerrados, le dije que se imaginara de nuevo en aquella playa y luego le recomendé que encendiera un cigarrillo. Cuando lo encendiera, le dije que se imaginara algo horrible enroscándose en sus dedos y trepando por su brazo.

Imagina un guión que te revuelva el estómago y créalo teniendo en cuenta las cosas que realmente te dan asco. Y luego grábalos, para leerlos mientras estás hipnotizado. Como ventaja añadida, puedes grabarlos y volver a reproducirlos más tarde en un viaje relajante. He preferido dejar que el lector rellene los espacios en blanco de este guión con sus propias experiencias y sentimientos sobre lo que le causa más rechazo, repulsión o asco. Debe asociar el fumar con estas actividades antes de que se establezca la conexión hipnótica en su mente.

Capítulo 15 - Dejar de fumar Metáforas integradas

Métodos para desarrollar una nueva alegoría para dejar de fumar

Eficacia de la técnica de terapia de metáforas anidadas

Las metáforas terapéuticas utilizadas en el enfoque de la metáfora incrustada están anidadas unas dentro de otras. La secuencia estándar de metáforas es de tres. Todas estas metáforas son aplicables a la situación del cliente. La primera metáfora se comparte con el cliente, al que se lleva a una coyuntura tensa en la que la historia se interrumpe bruscamente a causa de un asunto sin resolver. A continuación, el terapeuta se lanza a un segundo relato, llevando al cliente a una coyuntura dramática similar antes de terminarla de forma igual de abrupta. Por último, el tercer relato no sólo se introduce, sino que también se concluye. La sesión de tratamiento se centra en esta tercera metáfora. Esta sección crucial puede consistir exclusivamente en metáforas o incluir aspectos de sugestión directa.

Enfoque terapéutico moderno

Hacer una intervención en medio de historias no resueltas tiene la ventaja de crear tensión, con lo que el público anhela la resolución de las historias y se muestra más receptivo a las nuevas ideas y a la perspectiva de cambio como resultado.

Los problemas de la tercera metáfora suelen superarse volviendo a la historia y revelando cómo el protagonista hizo uso de un recurso infrautilizado. A continuación, se desarrolla el tema recurrente de la segunda historia, idealmente explicando cómo se utilizó el mismo activo para resolver el segundo problema. Por último, se muestra al cliente cómo resolver la cuestión y se continúa el problema en un tercer relato metafórico. El tercer relato suele tener un desenlace divertido o contradictorio.

Este método terapéutico es vanguardista y puede utilizarse para una gran variedad de problemas.

ESCRITURA CON MUCHOS SÍMBOLOS

Pensemos en una situación en la que una persona no puede dejar de fumar para ver cómo pueden funcionar las numerosas metáforas incrustadas. Al darse cuenta de que fumar es socialmente inaceptable y provoca aislamiento, además de tener un gran impacto en su salud, la persona se siente impotente para dejar de fumar. El problema es que carece de las herramientas para hacer los ajustes necesarios en su vida.

Es posible que de la investigación del tema surjan cuatro temas distintos.

- Impotencia

El aislamiento, la enfermedad y la falta de medios para realizar cambios también influyen.

Una metáfora terapéutica adaptada a cada problema se incluiría en una narración más amplia llena de dispositivos de este tipo.

Primera metáfora: la ineficacia

Segunda metáfora: estar aislado de los demás

La tercera metáfora es estar enfermo

Sugerencia con cara seria: Tenga fe en su capacidad de alterar

Resolverlo: La tercera metáfora

Segunda metáfora - solución

El problema y su primera metáfora

El proceso de tratamiento metafórico comienza con la historia metafórica inicial, llega a un clímax y luego termina abruptamente sin resolver la situación culminante. A continuación comienza la segunda alegoría, alcanza su clímax y termina con el mismo problema. La tercera historia comienza con una catástrofe que finalmente se resuelve, lo que implica la existencia de un recurso capaz de prevenir futuras crisis. La mayoría de las veces, aprender a abordar eficazmente estos problemas es la cura. La tercera metáfora ya puede empaquetarse y ordenarse.

La segunda metáfora se retoma y también se resuelve. La primera metáfora se retoma al final y se resuelve. En la terapia metafórica, se ayuda al cliente encontrando una circunstancia metafóricamente comparable a la suya y demostrándole que su problema puede resolverse del mismo modo.

Este método de incrustación de metáforas es más eficaz que la mera descripción de las tres metáforas como tres historias independientes. Al no completar las analogías, obligas a tu subconsciente a esforzarse más para encontrar respuestas y darles sentido, lo que hace que cuestione constantemente sus propias ideas preconcebidas sobre la naturaleza del problema y las posibles soluciones. Cuando lleguemos al clímax de la tercera metáfora, nuestra mente tendrá que enfrentarse no a una, ni a dos, sino a tres crisis que no se han abordado. En cuanto se encuentra una solución para la tercera crisis, la mente la pone inmediatamente a prueba en las dos primeras. Cuando la mente resuelve las metáforas incrustadas dos y una, se ve reforzada en su opinión de que las dos primeras también pueden resolverse. Tras completar la terapia metafórica del cliente,

Para mostrar cómo funciona la estructura se escribió un relato único en tres partes. Aquí vemos el uso de una estética antropomórfica:

Primera metáfora: la ineficacia

Había una vez una muñeca que estaba expuesta en una estantería. La muñeca no se movía, porque no sabía cómo había llegado hasta allí y le aterrorizaba caerse de la estantería.

Segunda metáfora: estar aislado de los demás

La muñeca se pasaba el día sentada en la estantería, deseando ser uno de los juguetes que jugaban en el suelo. Pero semana tras semana, la muñeca permanecía inmóvil por miedo y aislamiento.

El aumento de la enfermedad es el tema de nuestra tercera metáfora.

La muñeca también se había dado cuenta de otra cosa. Empezaba a sentirse mal de tanto estar sentada. Dejó de hacer ejercicio, de practicar deportes, y sus brazos y piernas estaban muy débiles mientras sus compañeros seguían corriendo y jugando.

Propuesta sobre el terreno - Vinculación con las fuentes - Búsqueda de ayuda

Un día, mientras miraba los juguetes e intentaba imaginar un lugar lejano, la muñeca se fijó en otra muñeca que yacía en medio del suelo. La muñeca bailarina, por así decirlo. Le faltaba una extremidad porque había perdido una pierna. Estaba tumbado, sollozando y sin poder moverse, y todos los demás juguetes, incluidos los osos de peluche, los soldados y el gran tigre de peluche al que le faltaba un ojo, le ignoraban. Cuando, de la nada, apareció el Gran Elefante Morado. Todos los demás juguetes de la casa evitaban al Gran Elefante Morado, ya que era el mayor y más temido de la colección. El elefante se acercó al Muñeco Bailarín y le preguntó cuál era la situación. El Muñeco Bailarín afirmó que había estado intentando un nuevo baile cuando, de repente, se desplomó y se destrozó una pierna. Ahora nadie le rescataría y estaba completamente atrapado. Se sentía miserable, desesperado e impotente.

Ahora que entiendes el papel que desempeñan las metáforas en tu mente, puedes poner en práctica tus nuevos conocimientos repasando estos guiones y entrenando a tu cerebro para que asocie emociones positivas con el abandono del hábito. Inventa tus propias metáforas, encadénalas de forma que lleguen a todos tus sentidos, grábalas y reprodúcelas mientras estás hipnotizado.

Cuando se utilizan junto con los otros guiones de este libro, los que usted haga convencerán a su subconsciente de que rechace por completo la idea de fumar.

También aprenderá a escribir guiones de autohipnosis para ayudar a otros en su lucha contra el consumo de tabaco.

En serio, ¿a qué esperas? Empieza por liberarte con estas eficaces técnicas de visualización y luego utiliza lo que has aprendido para ayudar a los demás. Es sólo la visión distorsionada que tiene tu mente subconsciente de lo que es fumar lo que te provoca el deseo de fumar, y muy pocas personas son conscientes de ello. Dado que cada acción automática que realizamos (incluido fumar, que es un hábito inconsciente que duplicamos automáticamente) viene precedida de un pensamiento inconsciente, una vez que seas capaz de reprogramar tu mente subconsciente y hacerle comprender lo desagradable que es fumar, tu comportamiento cambiará inmediatamente. Debido a esto, alterar la imagen mental en el trasfondo puede resultar en un cambio permanente en el comportamiento de uno. ¿No es fantástico?

Capítulo 16 - Beneficios para la salud de dejar de fumar

Has recorrido un largo camino, así que enhorabuena por ello. Por desgracia, no todo el mundo está dispuesto a aceptar la responsabilidad de sus actos y a hacer cambios positivos en su vida. Tu deseo de reparar y acabar con tu dependencia del cigarrillo demuestra que eres una persona valiente e insatisfecha.

Puede que ya lo sepa, pero su mente inconsciente es la principal culpable de su adicción al tabaco. En cambio, utilizar las técnicas de imaginería mental descritas en este libro para reprogramar su mente y convertirla en la de un no fumador es tan fácil como leer un libro.

Los beneficios de dejar de fumar se discutirán ahora que ha reacondicionado eficazmente su pensamiento.

Cuando se trata de mejorar la salud, dejar de fumar es uno de los pasos más importantes que se pueden dar. Esta afirmación es válida independientemente de la edad de la persona o del tiempo que lleve fumando. 1

Dejar de fumar:

Tanto la calidad de vida como los resultados sanitarios mejoran.

Se evita la muerte prematura y la esperanza de vida aumenta hasta en una década. También se mitigan numerosas consecuencias negativas para la salud, como las relacionadas con la reproducción, las enfermedades cardiovasculares, la EPOC y el cáncer.

Reduce la carga económica que el tabaquismo supone para los fumadores, los sistemas sanitarios y la sociedad; mejora la salud de las mujeres embarazadas y de sus fetos y bebés; y previene nuevas enfermedades cardiovasculares y EPOC en aquellas personas a las que ya se les han diagnosticado.

Los beneficios para la salud de dejar de fumar son mayores cuando se consigue a una edad más temprana, aunque siguen estando presentes a cualquier edad. Tanto los fumadores empedernidos como los empedernidos tienen mucho que ganar si finalmente abandonan el hábito.

Si le preocupa la salud de sus seres queridos, amigos y compañeros de trabajo, lo mejor que puede hacer es dejar de fumar.

Dejar de fumar es bueno para el corazón.

Para reducir el riesgo de enfermedad cardiovascular, dejar de fumar es un paso crucial que deben dar los fumadores.

Además de reducir el riesgo de enfermedades cardiovasculares y de muerte, dejar de fumar también tiene otros efectos positivos para la salud, entre ellos - una rápida mejora de los niveles de colesterol de lipoproteínas de alta densidad (hdl-c); - una reducción del desarrollo de aterosclerosis subclínica y un retraso de la progresión de la enfermedad con el tiempo; - un descenso brusco del riesgo de enfermedad coronaria en el primer o segundo año tras dejar de fumar y un descenso gradual a partir de entonces.

- Tras dejar de fumar, la probabilidad de sufrir un ictus es menor, y se equipara a la de las personas que nunca han fumado.

- El riesgo de aneurisma aórtico abdominal disminuye tras dejar de fumar, y este beneficio mejora con el tiempo.

La fibrilación auricular, la muerte súbita cardiaca, la insuficiencia cardiaca, el tromboembolismo venoso y la arteriopatía periférica son algunas de las afecciones que pueden prevenirse (eap).

Las personas que padecen enfermedades coronarias y a las que se les ha dicho que dejen de fumar obtienen, no obstante, beneficios.

Si le han diagnosticado una cardiopatía coronaria, dejar de fumar es una de las mejores cosas que puede hacer por su salud.

Los efectos positivos de dejar de fumar en los pulmones

Una de las mejores cosas que los fumadores pueden hacer por sus pulmones es abandonar definitivamente el hábito.

Dejar de fumar tiene dos efectos: 1) reduce la probabilidad de contraer la enfermedad pulmonar obstructiva crónica (EPOC), y 2) ralentiza la progresión de la enfermedad y disminuye la pérdida de función pulmonar que experimentan las personas con EPOC con el paso del tiempo.

Alivia los problemas respiratorios (por ejemplo, tos, producción de esputo, sibilancias).

Disminuye la prevalencia de enfermedades respiratorias (por ejemplo, bronquitis, neumonía).

La función pulmonar, los síntomas y los resultados del tratamiento de los enfermos de asma pueden...

Agradecimientos

Muchas gracias por llegar hasta el final de este libro.

Si te ha gustado el contenido y consideras que has aprendido algo interesante que puede mejorar tu vida, te agradecería mucho que me dejaras una valoración al respecto.

⭐ ⭐ ⭐ ⭐ ⭐

Significaría mucho para mí y me ayudaría a seguir aportando contenidos valiosos a la comunidad =)

¡Muchas gracias!

Allan Trevor

Visita mi página de autor para encontrar más libros similares en mi colección. Haga clic aquí:

http://bit.ly/AllanTrevorColección

O utilice el siguiente código QR:

Printed in Great Britain
by Amazon

22627550R10066